MW01644270

El pasado ya pasó

ImparableMENTE

Hackea tu mente y toma el control de tu vida

ImparableMENTE
Hackea tu mente y toma el control de tu vida
Roberto Brenes Baltodano

@robertobrenesb

www.linkedin.com/in/roberto-brenes-mentorcoach

ISBN: 978346670155

CONTENIDO

Dedico este libro hasta el cielo a mi madre, Cristina, quien siempre me motivó, inspiró y confió en mí; a mis dos hijos, Kristiana y Mike, dos regalos maravillosos que llegaron a mi vida para hacerla mejor, y a todas las personas que han sumado en mi vida de diferentes formas.

Te dedico este libro también a ti, estimado lector, como una invitación para que vivas la vida intencionalmente y persigas tus sueños, haciendo lo que tiene sentido para ti.

PRÓLOGO

Karla Chaves Mejía

Es un honor para mí contribuir a esta obra que mi querido amigo y colega Roberto Brenes ha plasmado con dedicación, valentía y un profundo compromiso hacia el bienestar humano. Como autora del bestseller *Entrena tu mente,* he tenido la bendición de ver cómo las palabras pueden iluminar el camino de quienes buscan una vida plena y con sentido. Ahora me siento profundamente inspirada y agradecida por ser parte de *ImparableMENTE*, un libro que se convierte en una brújula para aquellos que, al igual que Roberto, están dispuestos a dar pasos valientes hacia sus sueños y metas.

A lo largo de estas páginas, Roberto nos invita a explorar la programación neurolingüística, el *coaching* y la filosofía de mejora continua Kaizen, no como teorías lejanas, sino como herramientas prácticas para enfrentar con resiliencia los desafíos personales, familiares y profesionales que todos hemos vivido en algún momento. Su método, el Círculo Continuo de la Mejora Personal (CMP), es una invitación para quienes desean superar las creencias limitantes, hackear su mentalidad y conectar con sus más altos propósitos.

Este libro no solo aborda la transformación desde una perspectiva teórica, sino que nos ofrece un acompañamiento real y cercano. Roberto, con su capacidad de empatía y escucha, logra conectarse con las vivencias de cada lector, brindándonos una guía basada en su propia experiencia de vida. Su historia de superación es la de un ser humano que, a pesar de los obstáculos y las adversidades, ha decidido vivir desde la determinación, construyendo día a día una vida intencional, con valores sólidos y un enfoque claro hacia sus metas. Este libro es un reflejo auténtico de esa voluntad inquebrantable.

Así como lo expresa en sus palabras, Roberto nos recuerda que no existen recetas mágicas ni fórmulas infalibles. El crecimiento personal y la mejora continua son caminos únicos y personales, construidos a partir de nuestras propias decisiones y acciones. *ImparableMENTE* es una invitación a dar el primer paso, a asumir el control de nuestras vidas sin importar las circunstancias y, sobre todo, a recordar que siempre tenemos el poder de transformar nuestra realidad cuando actuamos alineados con nuestro propósito.

Querido lector, al iniciar esta lectura te animo a abrirte a la experiencia que Roberto nos ofrece. A través de sus enseñanzas, ten la certeza de que no estás solo en este camino. Cada reflexión, cada ejercicio y cada palabra han sido puestos aquí para acompañarte en tu propio proceso de crecimiento.

Gracias, Roberto, por compartir con nosotros tu sabiduría, por ser un ejemplo de fortaleza y por recordarnos que, con determinación, enfoque y fe, podemos vivir de forma plena e intencional.

Con admiración y cariño,

Karla Chaves Mejía
Trainer Internacional en PNL & Coaching
Consteladora familiar, neurocoaching.

Juan Antonio Pérez

Roberto es un perfecto ejemplo de cómo las adversidades te pueden quebrar o fortalecer. He observado su crecimiento durante los últimos años y, aunque las personas tienen ritmos particulares, su dedicación y esfuerzo son dignos de un atleta olímpico. Su enfoque es muy diferente al de alguien que juega fútbol con sus amigos una vez a la semana.

Este libro es una guía para tu cerebro y, sobre todo, como una receta de cocina para varias áreas de tu vida. Sigue al pie de la letra estas instrucciones y no permitas que creencias limitantes te hagan cambiar los lineamientos; de esa manera, podrás obtener resultados extraordinarios.

Leer estas líneas podría ser el inicio del gran cambio que siempre has deseado en tu vida.

Te felicito por esta decisión.

Juan Antonio Pérez
Licensed Master Trainer de PNL

Isaías Sharon

Hace más de 15 años inicié mi viaje en el mundo del *coaching*, un camino que me ha llevado a formar a más de 20,000 profesionales y a desarrollar el modelo de *coaching* integrativo, una metodología que busca alinear mente, emociones y acción para generar cambios significativos y sostenibles en las personas. Este trayecto me ha permitido ser testigo directo de la capacidad humana para transformar su realidad cuando encuentra claridad y propósito.

En ese contexto, cuando tuve el privilegio de conocer a Roberto Brenes y su propuesta *ImparableMENTE*, no pude evitar sentir una profunda conexión con su mensaje. Este libro no es simplemente un texto más sobre desarrollo personal; es una guía práctica y profundamente honesta que invita al lector a hackear su mente, dejar atrás las creencias limitantes y tomar acción para liderar su vida con intención y determinación.

Roberto no solo es un profesional excepcional, sino un ejemplo de resiliencia y crecimiento continuo. En estas páginas, comparte con generosidad su experiencia y las herramientas que ha desarrollado para ayudarnos a convertir nuestras metas en acciones concretas. Su Círculo Continuo de la Mejora Personal (CMP) es un modelo tan simple como poderoso, que combina principios de programación neurolingüística, *coaching* y filosofía Kaizen, y que nos recuerda que el progreso es un camino que se construye un paso a la vez.

En mi experiencia, las personas suelen quedarse atrapadas en el terreno de las intenciones: saben lo que quieren, incluso lo que necesitan hacer, pero no logran avanzar porque el miedo, la falta de claridad o las barreras del pasado los frenan. Este libro aborda justamente esa brecha, ofreciendo herramientas prácticas y reflexiones inspiradoras que permiten dar el salto de la idea a la acción.

A medida que leas este libro, descubrirás no solo las estrategias de Roberto, sino también su autenticidad. Aquí encontrarás un mensaje que va más allá de los lugares comunes del desarrollo personal, pues te invita a tomar las riendas de tu vida desde un lugar de honestidad y coherencia contigo mismo.

ImparableMENTE es una invitación a liderar tu vida con intención, a encontrar el equilibrio entre tus valores y tus acciones, y a mantenerte en constante mejora. Porque, como bien sabemos quienes trabajamos en el desarrollo de personas, el cambio no es un destino, sino un proceso continuo que exige valentía y compromiso.

Con cada página, estoy seguro de que sentirás la misma conexión que yo experimenté al leerlo. Este no es un libro para leer y guardar, sino una herramienta para aplicar y transformar tu vida. Prepárate para reflexionar, actuar y descubrir una versión más consciente y poderosa de ti mismo.

Con admiración y gratitud,

Isaías Sharon
Psicólogo organizacional, Ph.D. en Educación y Tecnología, y autor del modelo de *coaching* integrativo

Daniel Velazco

Cada vez que tengo la oportunidad de saludar y platicar con Roberto, me recibe con "Saludos poderosos"..., y sí, él constantemente nos recuerda que tenemos poder, que somos poderosos..., y que a veces se nos olvida.

ImparableMENTE es una invitación a romper con el pasado y el presente para dejar de vivir la vida en modo "piloto automático" y, en su lugar, tomar (o retomar) verdaderamente nuestras aspiraciones, reconociendo la aportación que el pasado nos ha dejado como experiencia y con miras a un futuro deseable e inspirador.

A través de sus páginas, *ImparableMENTE* nos propone vivir de acuerdo con la filosofía del autor: vivir intencionalmente, vivir de forma consciente, intencional y auténtica; es decir, vivir con un propósito claro que requiere de acciones específicas, premeditadas y dirigidas.

Para lograr lo anterior no basta con desearlo, pues "querer y saber no son suficientes..., el factor diferenciador y multiplicador es la acción".

Y Roberto nos lleva a la acción a través de su propuesta del Círculo Continuo de la Mejora Personal (CMP): SER, CONOCER y TENER. Basado en estos principios y en los "pilares del crecimiento personal" (pensamiento, lenguaje, hábitos y enfoque), brinda además una estructura para entrar en un flujo continuo que comienza con la reflexión desde tu SER y pasa a la acción, es decir, al HACER, para conectar con el TENER, que son tus metas y deseos.

ImparableMENTE no se trata nada más de un cambio o adquisición de nuevos hábitos por impulso, pues en este proceso aplica la "ecología emocional", revisando los ejes vitales del SER como filtro para encontrar el balance en una dirección de vida.

Con ejercicios sencillos y poderosos, nos lleva desde lo básico: la VISUALIZACIÓN, hasta la realización de esa vida a la que todos, en nuestro entender, aspiramos.

Una invitación mía: lee el libro, descúbrelo, "conversa" con Roberto como *coach* y como amigo, y más importante aún: diseña y visualiza para tu vida lo que sí quieres ver. Y si acaso alguien tiene algún comentario en contra de esta decisión que estás tomando, entonces aplica el "Principio del Pepino"..., y una vez que hayas comenzado ya a tomar acción, entonces: maravíllate de seguir avanzando en este camino de mejora continua.

Saludos poderosos para ti, querido y poderoso lector.

Daniel Velasco
Master Trainer en Programación Neurolingüística
@danielvelascopnl

I
INTRODUCCIÓN

Todos tenemos metas y sueños: personales, familiares y de negocios. En la búsqueda del cumplimiento de estas metas, exploramos diferentes medios para avanzar y clarificar lo que queremos lograr en la vida, dónde nos vemos y hacia dónde vamos. Nos capacitamos, participamos en charlas, talleres, leemos libros; algunos contamos con el acompañamiento de un coach o un mentor. En todos estos procesos reflexionamos y tomamos conciencia de dónde estamos y de qué hacer para llegar a donde nos proponemos. Sin embargo, dar el primer paso, y convertir las ideas en acción muchas veces es el mayor de todos los desafíos. Por ejemplo, si en este momento revisas cuántos proyectos tienes en el olvido, cuántos tienes en la bandeja de espera y cuántos iniciaste y no terminaste, aunque todavía te inspiren y motiven, te darás cuenta de que actuar de forma alineada con tu propósito y lo que tiene sentido para ti, de manera consciente y persistente, puede ser un desafío determinante para avanzar.

A veces pasamos por situaciones complejas y difíciles. Proyectos personales, familiares o de negocios que fallan y afectan nuestra perspectiva de la vida, lo cual puede bloquear nuestro avance. Sin embargo, sin importar la situación que enfrentemos, por muy compleja que sea, al hackear nuestra mente, quitarle el poder al pasado dado que ya no existe, ya pasó; solo tiene poder sobre nosotros si lo recordamos. Siempre tenemos el superpoder de elegir conscientemente seguir adelante con nuestra vida; el momento perfecto para hacerlo es cuando decidimos hacerlo con lo que tenemos a mano.

Lo más importante es la determinación de elevar nuestros estándares y tomar el control de nuestra vida con lo que hace sentido para nosotros.

ImparableMENTE te presenta una propuesta práctica para perseguir lo que tiene sentido para ti, tomar el control de tu vida y actuar alineado con tu propósito. Este esquema, que he denominado el Círculo Continuo de la Mejora Personal (CMP), te permitirá convertir tus ideas en acción. Lo mejor es que se construye a tu medida y propone un proceso paso a paso para hackear tu mente, reflexionar sobre tu propósito y razón de ser, identificar las creencias que te limitan, tomar conciencia, crear hábitos potenciadores y pasar a la acción. El CMP se puede resumir así:

$$CMP = (Ser + Saber) \times Hacer^{Hábitos}$$

Hay que vivir de acuerdo con lo que tiene sentido para cada uno de nosotros y con lo que conecta con nuestro propósito. Al final, los éxitos y fracasos son parte de la vida, pero lo que marca la diferencia es cómo reaccionamos cuando se nos presentan desafíos. Todo resultado es aprendizaje; a veces nos caemos, nos equivocamos, tomamos malas decisiones, las cosas no salen como esperábamos, o recibimos sorpresas no deseadas. Sin embargo, siempre es el momento perfecto para tomar el control, retomar el camino, aprender, crecer, respirar profundo, soltar y seguir viviendo con sentido.

En mi vida no todo ha salido bien; me he fallado, he cometido errores y he enfrentado situaciones personales complejas e inesperadas que me afectaron profundamente, tanto en proyectos personales como empresariales. Aún tengo aspectos por mejorar en mí, pero, a pesar de todo, hackear mi mentalidad me ha permitido seguir convencido de vivir de acuerdo con lo que tiene sentido para mí y tomar cada experiencia como una oportunidad para crecer, aprender y vivir intencionalmente. Este libro es una invitación a que, sin importar la situación que estés enfrentando o lo que haya ocurrido en tu pasado, te regales la oportunidad de tomar el control de tu vida y vivir intencionalmente.

Creo firmemente que siempre podemos ser mejores personas y vivir en mejora continua. Esto me ha llevado a construir proyectos empresariales con mi familia y amigos en Latinoamérica, lanzar una plataforma *online* de educación empresarial, escribir este libro, tener en desarrollo dos aplicaciones móviles y tener en paralelo otros dos libros en proceso. Todo ello mientras aprendo de mis errores y enfrento situaciones complejas, avanzando siempre.

El agradecimiento, la creación de posibilidades y la conexión con las oportunidades han sido parte de mi forma de ver la vida, y es lo que me motiva a compartir mi experiencia en *ImparableMENTE* con el CMP. Esta herramienta busca ofrecer un esquema práctico para que puedas explorar tus propias posibilidades y conectar con las oportunidades que el mundo brinda. El CMP se basa en la programación neurolingüística, el *coaching* y la inteligencia emocional, e incorpora principios del método Kaizen y la construcción de hábitos permanentes para un proceso de mejora continua integral.

A lo largo de mi vida he buscado diferentes formas de mejorar como ser humano y profesional. He vivido éxitos, fracasos, alegrías, errores y tristezas, pero sobre todo he experimentado aprendizaje en su forma más integral. He vivido tomando riesgos, capacitándome, aprendiendo de otros, estudiando y devorando libros de desarrollo personal en mi búsqueda constante de mejora. Este proceso, que sigue siendo parte de mis hábitos, me ha permitido continuar mi aprendizaje incluso en medio de situaciones personales difíciles, culminando en la creación de este libro.

Al final, siempre estamos en un proceso de cambio constante. Hackear el cambio nos permite avanzar, abrazarlo, entenderlo y usarlo para seguir adelante. En esta búsqueda, quiero compartir que la determinación de no rendirme me ha permitido incorporar patrones de comportamiento enfocados en la mejora continua. Estos patrones se convierten en la energía que nos mueve de forma permanente, ya que somos seres de hábitos, y esta mejora continua nos permite encontrar nuestro propósito mayor y mantener un crecimiento continuo que transforma nuestra perspectiva de manera positiva y proactiva, maximizando nuestros esfuerzos para alcanzar nuestras metas.

Los cambios que hemos vivido en los últimos años nos han llevado a reflexionar profundamente. Como seres humanos, nos vimos obligados a salir de nuestra zona de confort, algo que no es nuevo en nuestra historia, pues hemos vivido en constante evolución. En las distintas etapas de nuestras vidas, todos buscamos mejorar nuestra situación actual, ya sea en un cumpleaños, al finalizar el año, al iniciar un nuevo trabajo, una relación, un negocio o un deporte. En esos momentos, visualizamos un estado mejor; algunas veces lo logramos y otras no. Esas metas no alcanzadas se quedan en espera hasta que la inspiración regresa y, en algunos casos, se retoman, mientras que en otros desistimos. Ya sea un asunto personal, familiar, profesional o empresarial, repetimos el patrón.

Esta reflexión sobre la mejora continua tiene como base conceptual la filosofía japonesa Kaizen, que significa "cambio a mejor". Uno de sus principios es: "Hoy mejor que ayer, mañana mejor que hoy". Esta filosofía permite una mejora continua en todos los ámbitos de nuestra vida. Lo mejor de todo es que se basa en un principio tan sencillo como poderoso: "Todos los días se puede mejorar algo, por más pequeño que sea". Cuando logramos programar bajo este principio nuestra mente, hábitos, lenguaje y enfoque, nos garantizamos un crecimiento exponencial para vivir con propósito y alcanzar nuestras metas.

Hoy estoy haciendo lo que me apasiona; estoy persiguiendo mis sueños, tomando riesgos, alcanzando éxitos y enfrentando fracasos personales, familiares y empresariales, los cuales considero aprendizajes. Mi resolución de vida es: "Vivir mi vida intencionalmente", haciendo lo que tiene sentido para mí, cuidando de mi círculo vital y de mis seres queridos, y acompañando personas, equipos y organizaciones a romper paradigmas, descubrir su potencial y alcanzar sus metas. Tener claridad en mi propósito de vida me permite no perder el horizonte y continuar en mi proceso de mejora continua. Entiendo que, si me detengo, es solo para hacer una pausa, reflexionar, descansar y luego seguir avanzando. Todo esto, junto con otras técnicas para hackear nuestra mente, crear una mentalidad imparable, se encuentra en el Círculo Continuo de la Mejora Personal, CMP. Este sistema trabaja desde el SER como base para moverse al HACER y obtener como resultado lo que deseamos TENER. El CMP te permite construir, a partir de tus propias reflexiones, tu "resolución de vida" en un proceso de mejora continua y permanente, descubriendo lo que necesitas para tomar el control y rediseñar tu vida de forma integral, en un proceso que construyes tú mismo, porque el poder está en tus manos.

En medio de los cambios que se nos presentan, uno de nuestros superpoderes es enfocarnos en lo que podemos controlar. Al poner nuestro tiempo y energía en lo que sí está bajo nuestro control, recordamos que "no es lo que estamos viviendo, sino en qué estamos pensando y enfocándonos"; ahí radica la fuerza de tener claridad sobre lo que queremos.

¿Qué no es este libro?

Este no es un libro para aprender conceptos de desarrollo personal ni presenta una fórmula secreta e infalible. Es una invitación para tomar conciencia y asumir el control de tu vida, a pesar de las circunstancias, incluso en las situaciones que no puedes controlar, porque siempre puedes elegir aprender y soltar. Te ofrece un modelo de crecimiento personal que te permitirá reflexionar y pasar de la idea a la acción, acompañado de un proceso de mejora continua y a tu medida. El poder del CMP radica en lo que tú decidas hacer.

En tu camino de mejora continua y desarrollo personal, siempre encontrarás personas cercanas como tu familia, amigos o compañeros de trabajo que apoyarán tu decisión de cambio. Sin embargo, también encontrarás a muchos que, consciente o inconscientemente, tratarán de minar tus esfuerzos con sus comentarios y expresiones negativas: "No lo vas a lograr", "¿Para qué te esfuerzas tanto?", o estarán pendientes de si fallas para echártelo en cara. Si empiezas a comer de manera más consciente y saludable, esas personas aparecerán para decirte: "Dale, por hoy comer pizza no te causará daño", o "Con un día que no vayas al gimnasio no pasa nada". Te dirán que solo te la pasas leyendo y estudiando o que es una locura levantarse a caminar a las 5:00 de la mañana. "Ese tipo de negocios no son rentables, he visto quebrar muchos", "A vos nadie te conoce", o "Para hacer eso necesitas tener conocidos con influencia para entrar ahí". Todos estos comentarios solo reflejan su mapa mental, sus creencias limitantes y su negatividad, que no deberían afectarte de ninguna manera. Si tomas una decisión firme de cambiar tu vida y tienes una resolución de vida consciente, enfocarás todo tu esfuerzo y energía en lograr lo que te propones. Estarás tan ocupado y enfocado en luchar por tus sueños y metas que no tendrás tiempo para prestarle atención a la negatividad.

Estas experiencias me recuerdan una anécdota que viví en mis tiempos de universidad, algo que suelo contar en mis conferencias cuando hablamos de actitud y enfoque en las metas. Recuerdo que había una persona que, durante todos mis años de universidad, le decía a mi mamá (qepd): "Estás desperdiciando tu dinero y tu hijo está perdiendo el tiempo; esa carrera que está estudiando no sirve, nadie le va a dar trabajo", ya que, según esa persona, estudiar Administración de Empresas Agropecuarias en la Universidad Centroamericana (UCA) era una pérdida de tiempo. Durante esos cinco años, escuché esa cantaleta con cierta regularidad. ¿Y qué creen? Salí de la universidad y, como todo universitario recién graduado, estaba desesperado por encontrar una oportunidad laboral. Leía las páginas de los periódicos, y todos pedían como requisito entre uno y tres años de experiencia. Yo seguía trabajando en el negocio de mi mamá, una mujer emprendedora a quien yo le ayudaba, y enviaba mi hoja de vida a todos los lugares posibles. Finalmente, me llamaron a una entrevista. Me preparé, investigué la empresa y llegué muy temprano. Hice un examen que, según me dijo mi entrevistador, aprobé con éxito. Todo marchaba bien hasta que él revisó mi formación y notó que era administrador de Empresas Agropecuarias. Me comentó que iban a tener un programa enfocado en la parte agropecuaria en los próximos meses y que me dejaría como el primer candidato listo para entrar. Yo, con entusiasmo, le dije que me probara sin paga por un mes, que firmaría lo que quisiera, y que solo me contratara si demostraba las competencias. El entrevistador lo pensó por unos segundos y finalmente me dijo que no me preocupara, que yo era el primer candidato para ese programa y que me llamaría. ¿Qué les parece? Mi primera entrevista, mi primera oportunidad, recién graduado, con mil sueños y, después de escuchar durante cinco años que nunca lo lograría, parecía una gran coincidencia que no me contrataran.

En esa situación, lo que me ayudó fue tener una prioridad clara: encontrar trabajo. Por eso, con toda la honestidad del mundo, quiero compartir contigo que ni por un segundo recordé las expresiones de esa persona. Tenía una razón poderosa, un motivador muy especial: mi primogénito, Michael. Así que continué mi búsqueda. Con un amigo, vi en la universidad un anuncio de una entidad financiera que necesitaba personal, así que apliqué. Y, ¿qué creen? Esta vez sí me dieron la oportunidad: el inicio de mi crecimiento como persona y como profesional. Cuando tienes claro lo que quieres, cuando tienes una meta y te enfocas, los ruidos externos no pueden afectarte; ni siquiera los percibes, ya que no te das cuenta de que están ahí. Sobraron las personas que dijeron que trabajar ahí era muy demandante y añadieron muchos "peros", pero mi meta era conseguir un empleo que mejorara mis ingresos y me permitiera lograr la famosa experiencia sobre la que leía en los periódicos. Simplemente, me enfoqué en conseguir la oportunidad, nada más.

Algo similar me ocurrió cuando decidí emprender. Muchas personas pronosticaron mi fracaso, diciendo que lo que quería hacer no funcionaría. Sin embargo, era una decisión que había postergado por mucho tiempo. Invertí tiempo en cristalizar mi idea y, con el apoyo de mi familia, me lancé a la aventura que todo emprendedor vive: sueños, proyecciones y un enorme entusiasmo, aunque con cierto temor al inicio, el cual dejé atrás cuando renuncié, seguro de que eso era lo que quería hacer. Recuerdo mis proyecciones, apostando mis pocos ahorros y mi liquidación. Sí, así como lo escuchas. Recuerdo a mi hija menor, Kristianita, con apenas 3 meses de edad. En contra de todos los pronósticos y con un fin en mente, logramos, en familia, vencer los obstáculos, dejando atrás el ruido, la negatividad y las creencias limitantes del entorno. Continué mi lucha para romper paradigmas, empujar los negocios, aprender, crecer y usar el otro superpoder que tenemos: tener enfoque, no rendirnos, aprender de los fracasos y errores. Al final, "no importan los retos, problemas y dificultades que enfrentes", solo importa dónde decidimos enfocar nuestro tiempo y energía para recomenzar, reinventarnos y levantarnos las veces que sea necesario.

Los desafíos son parte de la vida. Cómo reaccionamos y enfrentamos esos desafíos es lo que marca la diferencia: es el hackeo de la perspectiva. No importa lo que haya pasado ni lo que estés viviendo; siempre tenemos la oportunidad de luchar, ser mejores y esforzarnos con valentía para perseguir nuestros sueños y metas. Como siempre digo, "con el Factor 4:13 hasta el infinito y más allá". El Factor 4:13 es la abreviación de mi versículo bíblico ancla favorita: "Todo lo puedo en Cristo que me fortalece". Es mi frase potenciadora predilecta. Aunque no practico ninguna religión, llevo mi creencia y mi relación con Dios a mi manera, respetando todas las miradas respecto a este tema.

Te felicito por acompañar tu viaje leyendo este libro, una propuesta práctica que te lleva de la mano de la reflexión a la acción. Si tú así lo decides, tendrás en tu mano, creado por ti mismo, tu mapa, tu guía, las líneas que te llevarán por el camino que tú decidas para cumplir tu propósito, en un proceso de mejora continua permanente.

II
CÍRCULO CONTINUO DE LA MEJORA PERSONAL (CMP)

Es importante aprender a reconocer que estamos en un proceso de crecimiento constante y que no somos ni seremos perfectos. Sin embargo, eso no es una excusa para no hacer lo que tiene sentido para nosotros, aunque no seamos "perfectos" en el momento de iniciar. La vida no es un sistema binario en el que estamos en una posición óptima o en una inadecuada; es un continuo de aprendizajes. En este continuo, siempre tenemos la posibilidad de mejorar nuestra situación, ya que la decisión está en nuestras manos.

Es necesario saber y aceptar que todos tenemos habilidades y áreas en las que podemos mejorar. Reconocer esto no nos limita, sino que nos permite identificarlas y trabajar en ellas. Al enfocarnos en desarrollar nuestras fortalezas y trabajar en nuestras debilidades, nos movemos en dirección a nuestra mejor versión. Tener una mentalidad de crecimiento significa ver los errores y fracasos no como una señal de que no somos suficientes, sino como oportunidades de aprendizaje que nos permiten continuar avanzando y mejorando.

En este proceso de crecimiento y mejora continua, es fundamental tomar conciencia de quiénes somos y qué deseamos lograr. Necesitamos tomar tiempo para reflexionar sobre nuestras metas, nuestros valores y nuestro propósito. La reflexión nos permite alinearnos con lo que realmente nos motiva y nos impulsa, y así tomar decisiones más acertadas y en sintonía con nuestro propósito.

A medida que reflexionamos sobre nuestro propósito y sobre lo que realmente tiene sentido para nosotros, nos damos cuenta de que no se trata de ser perfectos, sino de ser la mejor versión de nosotros mismos, avanzando un paso a la vez. Cada pequeño paso que damos en la dirección correcta nos acerca más a nuestras metas y nos permite ver que, aunque todavía no somos nuestra mejor versión, estamos en el proceso de serlo, y eso es lo que realmente importa.

El Círculo Continuo de la Mejora Personal (CMP) te ofrece un esquema práctico para hacer precisamente esto: identificar las áreas de tu vida en las que quieres mejorar, crear un plan de acción que te permita tomar pasos consistentes y desarrollar hábitos que te lleven a tu mejor versión.

La primera variable del CMP es **Ser**, y se basa en conocerte a ti mismo, en descubrir qué te motiva, tu propósito, cuáles son tus talentos y habilidades, y qué aspectos de tu vida quieres mejorar. El autoconocimiento es fundamental en este proceso, ya que nos permite tomar decisiones alineadas con nuestro propósito y construir una vida que tenga sentido para nosotros.

La segunda variable del CMP es **Saber**, que implica adquirir las habilidades y conocimientos necesarios para avanzar en la dirección de nuestras metas. Saber no es solo tener información, sino también aplicar lo que sabemos de manera práctica y efectiva en nuestra vida diaria. Este es el momento en el que nos capacitamos, leemos, tomamos cursos, buscamos mentores y aprendemos todo lo que sea necesario para lograr nuestras metas.

La tercera variable del CMP es el **Hacer**, que se convierte en hábitos. Esto implica pasar a la acción y construir hábitos que nos permitan avanzar de manera consistente en la dirección de nuestras metas. Los hábitos son la clave para el crecimiento personal, ya que nos permiten automatizar acciones que, con el tiempo, se convierten en nuestra nueva forma de ser. Al construir hábitos alineados con nuestras metas y nuestro propósito, nos garantizamos un avance continuo y sostenido.

Por último, el CMP es un proceso continuo. Es un círculo porque la mejora personal no tiene un punto final. Siempre podemos seguir aprendiendo, creciendo y mejorando. El secreto está en mantenernos en movimiento, en seguir reflexionando, aprendiendo y tomando acción en cada etapa de nuestra vida.

Los cambios nos han presentado muchos desafíos, y nosotros decidimos en qué enfocarnos. Elegimos concentrarnos en las oportunidades y, junto con el equipo y un grupo de amigos, comenzamos una plataforma *online* con un enfoque diferente. Experimentamos muchos aciertos y desaciertos mientras también nacía la idea del libro, una aplicación y otros proyectos. Al final, teníamos el poder de decidir centrarnos en lo que podíamos controlar, y eso fue lo que hicimos: seguir avanzando con dirección a pesar de las circunstancias.

He invertido mucho tiempo, y sigo haciéndolo, en aprender de cada oportunidad que me permita enfocarme en el desarrollo personal, un viaje que todavía continúo. En este recorrido, he encontrado un factor común en las propuestas de autores como Stephen Covey, Richard Bandler, Anthony Robbins, Jim Rohn, John Maxwell y Marshall Goldsmith, entre otros. Este factor común es que la única persona que puede hacer que estos métodos funcionen eres tú. No importa el método, la técnica o el programa de desarrollo personal que elijas, ni qué mentor o *coach* tengas; si no actúas de forma consciente y sistemática para aplicar lo aprendido, simplemente no funcionará, aunque existan miles de testimonios y pruebas científicas. La única manera de que te funcione es que inicies el camino de la transformación de forma consciente, con una actitud positiva y proactiva, pasando del deseo a la acción para cambiar tu vida.

El CMP es mi propuesta para tomar acción y contribuir a tu desarrollo personal, ya que te lleva de la mano en la implementación de un modelo de mejora continua que te permitirá, si así lo decides, clarificar tu propósito de vida, tus metas y sueños. El mundo está lleno de propuestas y métodos de desarrollo personal, cada uno con su propia perspectiva. Aquí te presento la mía: el CMP te brinda la oportunidad de explorar un esquema para que eleves tu nivel de conciencia y decidas qué camino tomar y qué acciones realizar en un proceso de mejora continua. Es decir, el CMP te permitirá crear tu propio esquema como resultado de un proceso continuo de reflexión, acción, crecimiento y aprendizaje.

Actualmente, la oferta de programas de formación y desarrollo personal, tanto gratuitos como de paga, ha crecido exponencialmente. Esta es una forma de aportar y crear posibilidades para la humanidad, cada uno desde su propuesta y experiencia. Muchas personas han aprovechado esta oportunidad para crecer, repensarse y actuar, mientras que otras se han quedado en su zona de confort, a pesar de que los recursos eran gratuitos y de alta calidad. En todos los casos, el factor común fue la actitud y la falta de acción de la persona.

Es fácil ver cómo muchas personas invierten en desarrollo personal y sus vidas no cambian. Por ejemplo, compran acceso a un programa de acondicionamiento físico virtual que incluye una rutina personalizada, ejercicios, días de descanso y un plan nutricional. Sin embargo, solo practican el 20% del tiempo requerido y la comida chatarra representa el 70% de su dieta. En estas condiciones, simplemente no hay mejoría, y la desmotivación se apodera de la persona, apareciendo todo tipo de excusas para abandonar el programa. Muchas personas también toman programas de desarrollo personal para trabajar su actitud y leen libros de autores reconocidos, pero eligen seguir con conductas que les restan valor en sus vidas.

Un ejemplo claro de cómo puede dar frutos increíbles decidir cambiar tu vida y usar la tecnología del desarrollo personal para bien es el caso de Anthony Robbins. Reconocido mundialmente como *coach* y formador motivacional, Robbins es uno de los expertos más sobresalientes en la psicología del desarrollo personal y profesional, el liderazgo y la negociación. Ha acompañado a personalidades como Mijaíl Gorbachov, Bill Clinton, Nelson Mandela y Donald Trump, y deportistas de la talla de Michael Jordan, entre otros.

Anthony Robbins es un ejemplo digno de mención ya que, después de enfrentar serios problemas familiares y vivir en difíciles condiciones emocionales y económicas, decidió cambiar su vida. Ese día fue el punto de inflexión que lo llevó al éxito. Robbins es un ferviente creyente del desarrollo personal, y su historia es prueba del poder de la decisión personal. Al estudiar programación neurolingüística y aprovechar todas las oportunidades de desarrollo personal que tuvo, creó su propio método, el cual ha compartido en libros, conferencias y programas de formación. En mi opinión, la decisión de cambiar fue el factor más poderoso que le permitió transformar su vida e influenciar a millones de personas en todo el mundo.

Otro ejemplo inspirador es Nick Vujicic, conocido por su frase "vida sin límites". Nick nació sin brazos ni piernas, y hoy es un ejemplo vivo de superación. Ha viajado por el mundo y ha compartido su historia para inspirar a millones de personas. Aunque parezca increíble, Nick disfruta de *hobbies* como la pesca, la natación y la pintura. Ha demostrado que, con una mentalidad positiva y una actitud de lucha, es posible superar cualquier limitación. A pesar de las dificultades físicas y emocionales que enfrentó desde niño, encontró fuerzas en su fe en Dios y en una familia que lo apoyó para luchar día a día. ¿Cuál es entonces tu excusa? Nick no nació en cuna de oro, y su decisión de luchar por su propósito lo convierte en un héroe de carne y hueso. Como él mismo dice: "Si Dios puede usar a un hombre sin brazos y piernas para ser sus manos y sus pies, ¡ciertamente usará cualquier corazón dispuesto!".

Oprah Winfrey, otra figura destacada, es una empresaria y presentadora de televisión que se ha convertido en una de las mujeres más influyentes en los medios de comunicación en Estados Unidos. Nació en Misisipi en 1954 en un entorno de pobreza extrema y vivió una infancia difícil. Sin embargo, supo sobreponerse a sus problemas y convertirse en la gran comunicadora que es hoy.

Jack Ma, fundador de Alibaba, es un ejemplo de perseverancia. Proviene de una familia pobre en China y, a pesar de ser rechazado en múltiples oportunidades laborales y educativas, persistió. Hoy es uno de los hombres más ricos de China, demostrando que la determinación y la persistencia pueden superar cualquier adversidad.

Mel Robbins, comentarista de CNN y autora, también es un caso de éxito. Pasó por grandes problemas financieros y familiares que afectaron su autoestima, pero encontró una manera de romper el ciclo de autosabotaje con su "regla de los 5 segundos", un método para tomar acción y superar la inercia.

Finalmente, quiero compartir el ejemplo de Marcelo Yaguna, un colega y *trainer* de PNL que conocí en Estados Unidos. Marcelo, a pesar de enfrentar un pasado de adicciones, delincuencia y adversidades como inmigrante, se convirtió en un empresario exitoso y en un influyente *coach* y *speaker* internacional. Su historia, relatada en su libro *Del infierno al cielo*, es una prueba más de que la determinación y la fuerza de voluntad pueden transformar vidas.

Todos los ejemplos presentados anteriormente nos muestran que:

1. La condición física no es una limitante para cumplir tus sueños.
2. El no provenir de una familia rica no impide alcanzar el éxito.
3. El rechazo y el fracaso son parte del proceso para aprender y avanzar hacia tus metas.
4. No importa cuán difícil sea tu situación o qué tan profundo hayas tocado fondo; siempre tienes la opción de cambiar tu vida y perseguir tus sueños.

- ¿Cuál es tu excusa?
- ¿Qué te detiene para lograr lo que te propones?

Si hoy tomas la decisión de cambiar tu vida, estoy seguro de que lo lograrás tomando acción de manera consciente y sistemática. Esto te permitirá obtener resultados positivos o aprendizajes en todo lo que te propongas. Recuerda que el común denominador del éxito, según todos los gurús del desarrollo personal, eres tú. Cuando decides cambiar tu vida de forma consciente y con determinación, el cambio es posible.

Te invito a que reflexiones sobre las siguientes preguntas y respondas con honestidad:

- ¿Tienes la firme decisión de cambiar y mejorar tu vida de manera integral?

- ¿Estás realmente dispuesto a salir de tu zona de confort?

- ¿Estás dispuesto a luchar y perseguir tus sueños enfrentando tus miedos?

Si, tras reflexionar, confirmas tu decisión de cambiar para mejorar, ¡bienvenido al club de la mejora continua! El primer paso es estar convencido de querer mejorar y luchar por tus metas. El factor diferenciador en este proceso es tu decisión consciente en acción. El CMP te ofrece una estructura que te permite tomar acción, elevar tu nivel de conciencia y aprender de forma sistemática y progresiva, considerando la ecología emocional del Ser en todo el proceso de mejora continua, abarcando los ejes vitales: vida personal, relaciones y negocios. El CMP facilita un proceso integral para lograr el balance necesario en tu viaje hacia el cumplimiento de tus sueños.

Este libro te llevará de la intención a la acción, elevando tu nivel de conciencia mientras lees y tomas acción. Así, irás instalando nuevas conductas y nuevos hábitos que te permitirán transformar tu vida de forma consciente. En esta primera parte, te presento el esquema del CMP, que profundizaremos en los siguientes capítulos y que servirá para construir tu Bitácora de la Transformación Personal (BTP).

El CMP se basa en una fórmula que resume todo el modelo y que es mi manera de simplificar este viaje, con todas las experiencias y aprendizajes acumulados hasta la fecha. La fórmula es sencilla y es la siguiente:

$$\text{CMP: (Querer + Saber) x (Hacer)}^{\text{Hábitos}}$$

Son tres variables sencillas que permiten orientar nuestras acciones de forma consciente, con intención y propósito. Cada variable te invita a responder preguntas que permiten tomar conciencia y te motivan a actuar de manera inmediata y continua.

1. Querer

Entender tu propósito, tu para qué:

- ¿Qué quieres para tu vida?
- ¿Qué deseas mejorar o cambiar en ti para que eso suceda?

Hemos escuchado muchas veces que "querer es poder". Entonces, pregunto: ¿cuántas metas importantes quieres lograr en tu vida que siguen esperando? Son metas relevantes que permanecen en pausa debido a los cuentos que te cuentas a ti mismo. También hemos oído que "el saber es poder", pero, en muchos casos, a pesar de saber cómo lograr esas metas, de tener claridad sobre nuestra situación y los pasos a seguir, estas metas continúan en espera, en proceso o en el olvido. Esto se debe, nuevamente, a los cuentos que nos contamos.

Querer y saber no son suficientes; el factor diferenciador y multiplicador es la acción: tomar acción consciente, actuar con intención para hacer que las cosas sucedan. Esto implica aplicar el factor multiplicador de la acción con hábitos potenciadores que te permitan reprogramarte de forma consciente, rediseñando y liderando tu vida de manera continua.

2. Ejes vitales del SER

El centro del CMP está compuesto por lo que denomino los ejes vitales del SER, que son tres variables que te permitirán alinear tu enfoque y energía:

- Propósito
- Valores
- Sueños y metas

Tu propósito es el hackeo máster, pues actúa como tu brújula vital, tus valores como los rieles que te permiten direccionar tu tiempo y energía, con tus sueños y metas como los pilares sólidos que les dan dirección y energía alineada.

Hay dos principios que atraviesan este centro: la ecología emocional, que te permite medir el balance en tus decisiones, y la mejora continua, que te ayuda a direccionar tus pasos de manera constante y progresiva.

3. Saber

El saber se refiere, en primer lugar, a elevar el nivel de conciencia sobre dónde te encuentras y, a partir de ahí, ver qué recursos tienes para avanzar hacia tus metas, identificar las brechas clave que cerrar y las acciones necesarias para lograrlas.

Preguntas clave para este punto:

- ¿Dónde estás en ese camino?
- ¿Qué recursos tienes para lograrlo?
- ¿Qué recursos necesitas?
- ¿Quién es un referente en lo que quieres lograr?
- ¿Qué puedes hacer?
- ¿Cómo lo puedes hacer?
- ¿Qué te detiene?

4. Tomar acción desde el Ha-Ser

Tomar acción continua de manera intencional desde el Ha-Ser, es decir, conectando lo que haces con tu Ser, tus propósitos y valores, actuando de forma consciente. Ese es el motor del CMP: tomar el control, hackear tu mente y rediseñar tu vida y liderarla hacia tu propósito mayor, enfocándote en el logro, potenciando tus pensamientos, lenguaje, emociones, hábitos y enfoque como las variables clave que garantizan la energía para impulsar la mejora continua en todo lo que te propongas. Estos son los pilares sobre los que descansa el éxito de lo que deseas emprender, mejorar y cambiar en cada aspecto de tu vida. El CMP te facilita un proceso para conocer tu situación actual en cada pilar y cómo afilar la sierra para hackear tu mente y que te ayude a llegar al estado deseado.

Preguntas del Ha-Ser:

- ¿Mis acciones están alineadas con mi propósito y mis valores?
- ¿Qué hábitos necesitas crear en ti para lograrlo?
- ¿Qué acciones son claves para lograrlo?
- ¿Cuál es la acción mínima que vas a tomar diariamente?
- ¿Cómo lo vas a medir?

El CMP también te presenta una propuesta práctica para hackear el tiempo de manera consciente y elevar tu nivel de conciencia sobre el tema de la procrastinación. Con estos principios y pilares, el CMP te brinda una estructura para entrar en un flujo continuo que comienza con la reflexión desde tu SER y pasa inmediatamente a la acción, es decir, al HACER, para conectar con el TENER, que son tus metas. En este proceso, aplicamos la ecología emocional, revisando los ejes vitales de tu SER como filtro para encontrar el balance.

El CMP te permitirá diseñar las acciones que apuntarán a tu propósito mayor, a tu para qué, a aquello que te motiva a levantarte cada mañana, direccionando tus pensamientos, lenguaje, emociones, hábitos y enfoque. Este proceso condiciona estos pilares, entrenándolos para instalarlos en tu vida como nuevos hábitos, cerrando las brechas que necesitas cambiar, aprender, mejorar y ajustar para lograr lo que te propones. Esto te prepara para actuar, es decir, pasar al Ha-SER mejor preparado. Como principio de mejora continua, el CMP te proporciona una estructura para evaluar cómo vas con tus metas, qué está funcionando, qué no está funcionando y qué ajustes necesitas en el Ha-SER. Este proceso de ajuste constante te permite vivir la filosofía de la mejora continua de forma permanente e integral.

Vivir de forma consciente, intencional y auténtica es la propuesta que tiene el CMP para hackear tu mente y vivir imparableMENTE. Esta metodología te brinda la oportunidad de descubrir tu propio camino, identificar tu estado actual con respecto a la dirección que decidas tomar y vivir de manera consciente e intencional; sobre todo, desde la autenticidad que dictan tus principios y valores, diseñando y liderando tu propia vida. Te libera de las ataduras, miedos, paradigmas y estereotipos que hemos recibido de nuestra familia, educación y sociedad en general, reglas que impactan nuestras conductas y acciones como seres humanos.

Gráficamente el CMP se ve como sigue:

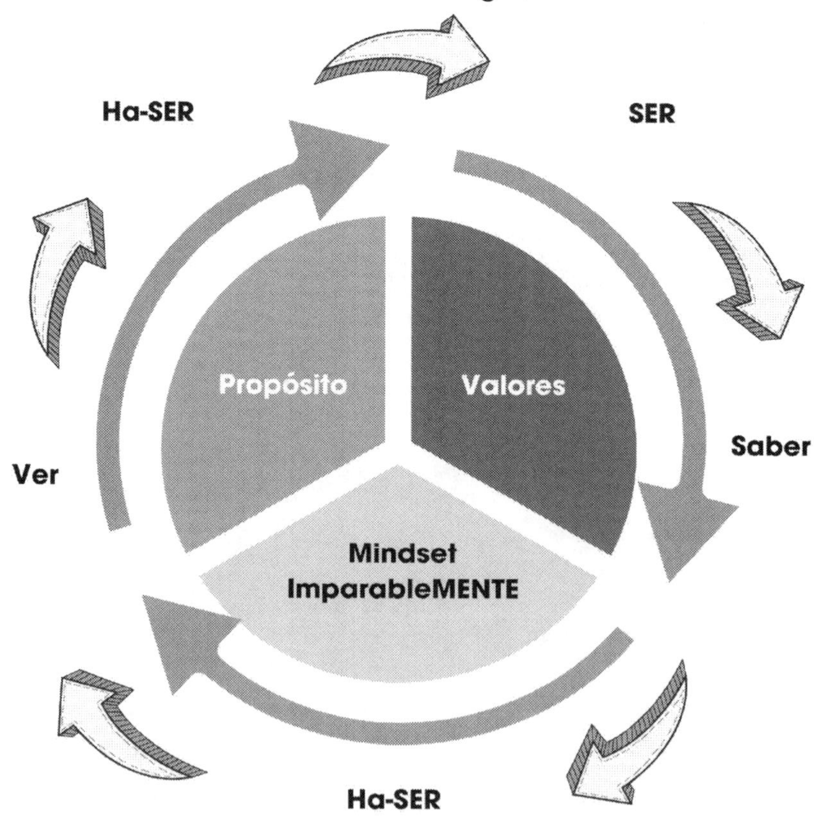

Ejercicios de visualización

Durante la lectura, encontrarás algunos ejercicios de visualización que te servirán para anclar tus reflexiones. Te recomiendo lo siguiente:

1. Abre tu mente y date la oportunidad de experimentar el poder de la visualización.
2. Encuentra un lugar tranquilo, donde puedas conectar contigo mismo al leer y hacer el ejercicio.
3. Lee el ejercicio con calma, y repite si lo consideras necesario.
4. Luego, haz el ejercicio sin leer el libro: cierra los ojos, escucha tu respiración y siente cómo te calmas. Desde ahí, imagina paso a paso la visualización para vivir la experiencia del ejercicio.

Este es un vistazo general del CMP como capítulo introductorio. En los siguientes capítulos profundizaremos en cada tema y lo llevaremos a la práctica. En este proceso, contarás con una herramienta clave para este viaje de cambio: la Bitácora de la Transformación Personal, que llamaremos BTP. Toma tu celular, tu ordenador o un cuaderno y anota tus reflexiones al finalizar cada capítulo. Este ejercicio te permitirá llevar un diario de crecimiento.

La BTP se convierte en un instrumento poderoso de introspección y reflexión que te invito a convertir en acciones concretas. Te permitirá documentar este viaje de crecimiento mientras lees el libro, tomas nota de tus reflexiones y llevas el CMP a la práctica. Te felicito por iniciar este viaje de transformación personal; el éxito de lo que te propongas lograr está en tus manos.

III
EL PASADO YA PASÓ

"Cuando ya no podemos cambiar una situación, tenemos el desafío de cambiarnos a nosotros mismos".
Viktor Frankl

Esta frase de Viktor Frankl nos ofrece una perspectiva poderosa para redirigir nuestra energía en relación con cualquier situación que ya ha pasado. Debemos decidir dirigir nuestra energía a lo que podemos controlar: nosotros mismos. Dado que el pasado ya ha pasado, tenemos la gran oportunidad de decidir cambiar en nosotros mismos lo que nos ayude a tomar acciones positivas para nuestra vida.

"El pasado ya pasó" es un anclaje poderoso que podemos usar para hackear eventos de nuestro pasado. Es un mensaje liberador cuando lo integramos en nuestra filosofía de vida, permitiéndonos tomar acción y hacer que las cosas sucedan. Antes de la publicación de este libro, enfrenté cambios fuertes, complejos e inesperados que me afectaron profundamente. No fue fácil; me golpearon fuertemente.

Decidí hackear mi mentalidad, seguir avanzando y aplicar el CMP con todos mis recursos. Solté lo que no podía controlar. Recordarme que era hijo del Todopoderoso y trabajar día a día en mi mentalidad me permitió enfocarme en lo que sí podía controlar. Rodearme de energía positiva de bienestar con familiares y amigos aceleró esta publicación y me ayudó a avanzar en otros proyectos que estaban atrasados. Finalicé mi certificación como instructor de yoga, algo que había dejado de lado durante tres años. Busqué otras perspectivas en libros que alimentaron mi energía de soluciones y busqué ayuda profesional de una colega *coach* y una psicóloga.

Tomar el control de nuestras vidas a veces parece difícil, pero buscar ayuda es un acto de valentía. Nos brinda otros lentes para ver las cosas. Decidir, con determinación, tomar el control de nuestra vida, es clave. Me repetía todos los días que esta era una situación temporal, que cada resultado era un aprendizaje y decidí, con el CMP, enfocarme en aprender, crecer, soltar y seguir avanzando. Ninguna situación define quiénes somos; nada ni nadie lo hace. Está en nosotros tomar el control de nuestras vidas y seguir disfrutando de este regalo que se llama vida.

Algunos proyectos empresariales que lanzamos simplemente no funcionaron. Líneas de negocios que no rindieron los frutos esperados y estrategias que no resultaron como esperábamos. Algunos lo llamarían fracaso; yo lo llamo aprendizaje. Seguimos impulsando los programas que han sido un éxito total. Estamos en constante cambio: con la estrategia, la plataforma, los programas y las alianzas, conectando en aprendizaje y mejora continua, impulsando lo que tiene sentido y se alinea con mi propósito. Esa brújula me permite no perder el norte a pesar de las tormentas y los desafíos. Tengo claro a dónde voy y qué quiero, y eso me ayuda a seguir avanzando a pesar de las circunstancias.

Muchas veces atamos nuestra vida a nuestros errores del pasado, a las experiencias dolorosas, consciente e inconscientemente, y condicionamos nuestro actuar a esas situaciones. Esto impacta la forma en que conducimos nuestra vida y nuestro poder de decidir y tomar acción. Este impacto puede ser positivo, abriéndonos puertas para lograr lo que deseamos, pero también puede bloquearnos. Todo depende de qué decidamos hacer con nuestro pasado.

Ante cualquier situación que ya ha pasado y no podemos cambiar, ya sea que haya ocurrido hace unos segundos, minutos u horas, o hace muchos años, solo podemos decidir enfocarnos en lo que podemos controlar, "hackeando" nuestro enfoque hacia lo que es útil para nosotros. La interpretación que damos a esos eventos del pasado impacta nuestra mentalidad, nuestra programación mental, la forma en que nos comportamos y nuestros patrones de conducta. A menudo, no somos conscientes de cómo nuestras conductas influyen en la realidad que creamos. Si vivimos así, lo hacemos en "modo piloto automático", condicionados por el significado que le damos a esas experiencias, y es lo que tenemos en nuestra mente.

A veces, ni siquiera nos damos cuenta de que estamos limitando nuestra vida por la programación mental que hemos recibido: de nuestra familia, abuelos, amigos, escuela, universidad, redes sociales, *influencers* y los estereotipos que la sociedad nos impone. Ya sean eventos claros del pasado o algo de lo que no estamos conscientes, el primer paso es trabajar para "hacernos conscientes". Debemos darnos cuenta de lo que nos puede estar bloqueando y establecer que el pasado ya pasó; no tiene poder sobre lo que decidimos hacer con nuestra vida hoy.

A menudo limitamos nuestro actuar porque fracasamos en algo.

La interpretación que damos a esos eventos donde no tuvimos éxito impacta nuestra programación mental. Puede potenciarnos si decidimos aprender de nuestros errores. Podemos "hackear" nuestra mente en esas situaciones si buscamos alternativas para lograr el éxito, si tomamos acción y repetimos, aprendiendo y creciendo en el camino, tomando lo que sirve y mantenernos avanzando hasta lograrlo.

Si nos enfocamos en la perspectiva del fracaso, también podemos bloquearnos, anclando en nuestra mente sentimientos de frustración y la creencia de que no somos capaces. Cuando se presentan situaciones similares, nos bloqueamos y evitamos actuar, inventando excusas para no experimentar lo que mentalmente ya creemos que no podremos lograr. Sin embargo, has superado muchos obstáculos en tu vida. Todos, en nuestra niñez, logramos levantarnos a pesar de nuestros tropiezos para aprender a caminar. Nos caímos, algunas veces muy fuerte, pero eso no nos detuvo. Seguimos intentando, cayendo y levantándonos hasta que logramos hacer el famoso "solito", ponernos de pie por nuestra cuenta. Luego vinieron los primeros pasos, y continuamos enfrentando fallas y caídas. A pesar de todo, seguimos intentando, actuando, y hoy caminamos, corremos y practicamos deportes. Lo mismo ocurre al aprender a hablar: pasamos por un proceso similar. En ambos casos, aprender a caminar y hablar son parte de nuestros éxitos. No importaron las caídas ni los errores enfrentados para lograrlo. Es claro que en esa etapa nuestro cerebro y procesamiento cognitivo están en desarrollo, pero lo mismo ocurre con todos nuestros logros. A pesar de las dificultades, seguimos tomando acción, persistiendo, aprendiendo y no claudicando hasta que lo logramos.

Es importante hacernos conscientes también de las lealtades, conductas y costumbres heredadas de nuestra familia. Estas pueden impactar, de forma positiva o negativa, nuestras vidas. Darnos cuenta de cómo estas influyen en nuestra vida nos permite tomar acción. Los valores y principios positivos que nuestra familia nos ha transmitido, consciente e inconscientemente, suman para bien. Podemos potenciar y mantener esos valores. Sin embargo, pueden existir costumbres familiares que impacten negativamente nuestras vidas, llenas de buenas intenciones, que hemos recibido de nuestros abuelos, padres y núcleo familiar cercano. Estos patrones de conducta forman parte de nuestra forma de ver la vida e influyen en cómo nos comportamos, decidimos, tomamos acción y enfrentamos nuestros retos. La buena noticia es que no estamos obligados a repetir los patrones de conducta negativos de nuestras familias. El primer paso es darnos cuenta de cómo estas conductas heredadas y adquiridas están influyendo hoy en nosotros.

Un ejemplo sencillo es cómo definimos el éxito. Nuestros abuelos pueden haber transmitido una idea de éxito que es positiva o negativa para nosotros. Si nos enseñaron que el éxito es mantener una familia unida, podríamos sentir que fracasamos al terminar una relación dañina. Este tipo de condicionamiento puede llevarnos a permanecer en situaciones que no nos benefician.

En ocasiones, no recibimos estos mensajes directamente, sino que los observamos y vivimos. Si en nuestro núcleo familiar se grita y se usan malas palabras para resolver desacuerdos, podemos inconscientemente adoptar este comportamiento como normal. Esto también se aplica a los hábitos alimenticios: si en nuestra familia se consumía comida chatarra, podríamos considerarlo algo normal y adjudicar nuestros problemas de sobrepeso a la genética, cuando en realidad son consecuencia de esos hábitos que aprendimos compartiendo con seres queridos.

Nuestro cerebro almacena toda esta información y condiciona nuestras reacciones y acciones. Darnos cuenta de este condicionamiento es el primer paso para hackear nuestra mente, rediseñar y liderar nuestra vida. Luego, debemos comprometernos a cambiar patrones de conducta que no suman y tomar acción.

Recuerdo haber conversado con una amiga psicóloga sobre el duelo por la pérdida de mi madre. Aceptar que mi mamá ya no estaba conmigo fue la experiencia más difícil de mi vida; ella fue vital en mi vida, todo lo bueno en mí viene de ella. En medio del dolor, ¿cómo pude hackear mi dolor tras su pérdida, pues falleció repentinamente en una operación menor? Aceptar su pérdida fue duro, complejo. Decidí enfocarme en todo lo bueno que me dejó: sus valores, sus principios y los momentos alegres que compartimos.

Hoy la recuerdo con amor; es mi gran inspiración de persistencia y lucha. En cualquier situación difícil, siempre tenemos el poder de decidir en qué enfocarnos. En mi caso, elegí centrarme en lo que conecta positivamente con la pérdida de mi madre, recordarla y vivir los principios que me dejó como legado. Cada vez que la recuerdo, una sonrisa aparece en mi rostro; ella vive en mí.

El pasado solo tiene el poder que nosotros le otorgamos. A menudo, situaciones del presente pueden activar recuerdos que nos impactaron negativamente. Un olor, un sonido o una canción pueden conectarnos con eventos pasados. Recuerdo que, después de perder a mi madre, vi a una mujer con un vestido igual al que ella usaba. Automáticamente, mi mente se conectó con ese recuerdo y mi respiración se aceleró. Pero respiré profundamente, recordé su sonrisa y me calmé.

Todos enfrentamos momentos difíciles en nuestras vidas. A los seis años, mi padre se fue del país y perdí el contacto con él. Mi madre decidió compartir solo lo positivo de nuestra relación. Esa decisión me ayudó a no alimentar mi pasado con negatividad, permitiéndome centrarme en mis problemas infantiles normales y no en la falta de un padre. Mi mamá hizo un trabajo extraordinario ahí.

En este ejemplo se puede ver claramente cómo un evento del pasado puede construir o destruir. Está en nosotros decidir qué hacer con lo que hemos vivido. Vamos a hackear el pasado tomando conciencia y decidiendo quitarle el poder que le otorgamos. Aquí hay algunos pasos a seguir:

1. Identifica una situación de tu pasado que hoy puede estar afectando tu vida o tu desempeño en dirección a tus metas.
2. Reflexiona sobre qué genera en ti ese recuerdo o situación.
3. Considera qué significado tiene para ti.
4. Decide y elige soltar esa situación, pensando en los beneficios de dejarla ir. Imagina todo lo bueno que resultará de soltarla. Cierra los ojos y respira profundamente. A medida que inhalas, siente tranquilidad y certeza. Suelta el aire lentamente y repítete mentalmente: "Decido y elijo soltarte", sintiendo cómo te liberas. Repite esto de dos a tres veces, anclando el bienestar de tu decisión.

Otro ejercicio que podemos usar para hackear el pasado es dirigir nuestro pensamiento hacia lo que deseamos, utilizando anclajes. Para ello:

1. Identifica el disparador del recuerdo: un lugar, una canción, una comida.
2. Decide hackear ese disparador. Rompe la conexión pensando en tu bienestar y en algo que te sume, incluso algo cómico. La clave es quebrar la conexión con el disparador, interrumpirla y cambiar la conexión que le damos.

Hackeando el pasado

Cuando un recuerdo aparezca, decide tomar el control y elige darles dirección a tus pensamientos: Esto ya pasó, lo suelto, ya no existe. Elijo vivir mi momento de poder, el aquí y el ahora, y recuerdo el anclaje del ejercicio anterior.

Te invito a hackear el pasado y decidir dejarlo atrás. Cualquier pensamiento, recuerdo, resultado o situación negativa que ya no puedas cambiar no merece ocupar espacio en tu viaje de vida. Esto es un viaje poderoso donde tomar acción, diseñar y liderar tu vida es esencial.

Tengo una filosofía sencilla y práctica respecto a este tema: ante cualquier cosa que ya no puedo cambiar, cualquier situación de mi pasado que resta a mi presente y bloquea mi crecimiento, me pregunto:

¿Esta situación me suma, me potencia, me ayuda en mi crecimiento?

Si mi respuesta es "no", decido no gastar mis energías en ese tema. No es automático, pero lo hago de manera consciente y repetida. Al mismo tiempo, pongo mi tiempo y energía en lo que puedo controlar. Decido focalizar mis energías en lo que me suma, en lo que me potencia y en cómo eso me ayuda a acercarme a mi propósito mayor, mis metas y mis sueños.

Ejercicio de visualización

Ahora vamos a realizar un ejercicio de visualización para quitarle poder a esa situación del pasado, sea cual sea. Recuerda las recomendaciones iniciales para los ejercicios de visualización. Busca un lugar tranquilo, ponte en una posición cómoda, cierra los ojos, relájate y escucha tu respiración. A medida que te relajas, piensa en esa situación de tu pasado que no te suma.

Imagina que la pones en blanco y negro; observa cómo se aleja de ti. Mientras se aleja, siente cómo te liberas. A medida que se aleja se hace más pequeña, sientes una mayor tranquilidad. La imagen se va haciendo tan pequeña que se ve del tamaño de una moneda y, finalmente, desaparece. Siente la gran liberación; ya no tiene poder sobre ti. Respira profunda y lentamente, y abre los ojos, sonriendo.

Reencuadrando la situación

Además, aplico en paralelo una técnica poderosa de programación neurolingüística llamada "reencuadrar la situación". Decido cambiar mi perspectiva hacia lo que me suma, me potencia y me beneficia. Aquí hay tres preguntas que puedes aplicar de forma proactiva en cualquier ámbito de tu vida:

1. ¿Qué puedo aprender de lo que me está pasando?
2. ¿Cómo puedo sacarle provecho a lo que me está pasando?
3. ¿Cómo lo puedo hacer?

Parece sencillo, ¿verdad? Hacerte estas tres preguntas puede cambiar la perspectiva de lo que ya no puedes controlar. El verdadero poder de estas preguntas radica en que decides enfocar tu energía cuando enfrentas una dificultad. Estas preguntas direccionan tus pensamientos, energía y tiempo hacia una perspectiva positiva que suma a tu vida y te saca del estancamiento mental.

Antes de continuar con el siguiente capítulo, te invito a reflexionar sobre tu pasado y a contestar para ti mismo en tu bitácora de transformación personal (BTP):

- ¿De qué te diste cuenta en este capítulo?
- ¿Qué emoción o intención generó en ti?
- ¿Qué vas a hacer con eso que se generó en ti?
- ¿Cuál es la acción mínima concreta que vas a tomar en este momento?
- ¿Qué debe mejorar o cambiar en ti para que eso ocurra?

IV
VIVIR CONSCIENTE Y CON INTENCIÓN

"Tu tiempo es limitado aquí, así que no lo desperdicies viviendo la vida de alguien más".
Steve Jobs

¿Recuerdas la famosa película *Alicia en el País de las Maravillas*? Nos referiremos exactamente a la parte en que Alicia se encontró con un camino de doble dirección. Ella le preguntó al gato: "¿Qué camino debo tomar?". "¿A dónde vas?", preguntó el gato. "No lo sé", respondió Alicia. "Pues si no sabes hacia dónde vas, cualquier camino es bueno", concluyó el gato.

Con este diálogo de la película *Alicia* quiero invitarte a preguntarte y reflexionar:

- ¿Sabes hacia dónde vas con tu vida?
- ¿Estás viviendo tu vida o viviendo la vida que otros dictaron para ti?
- ¿Qué te motiva a levantarte cada mañana?
- ¿Cuál es tu propósito en la vida, tu "para qué" estás aquí?

Recuerda tomar nota de las reflexiones que estas preguntas dejan para ti. Muchas veces vamos por la vida sin saber realmente a dónde vamos; tomamos el camino que nos aparece y lo aceptamos, incluso a veces en desventaja. En otras ocasiones creemos que sabemos a dónde vamos; sin embargo, el nivel de insatisfacción en nuestra vida no es coherente con lo que pensamos. A menudo, estamos tomando el camino que otros han decidido por nosotros: nuestra familia, nuestros amigos y los estereotipos sociales que permitimos entren en nuestra vida. Cuando no sabemos hacia dónde vamos, nuestras acciones y energía se diluyen. Muchas veces vivimos un estrés que no es nuestro, por los estereotipos que aceptamos, desde la compra de ropa hasta qué comer, cómo vestirnos, dónde ir, qué teléfono comprar, cómo debemos vernos, qué música escuchar. En fin, no vivimos nuestra vida; lo peor de todo es que muchas veces ni siquiera estamos conscientes de esta situación.

La Real Academia Española define *consciencia* como "la capacidad del ser humano de reconocer su realidad circundante y de relacionarse con ella", como el "conocimiento inmediato o espontáneo que el sujeto tiene de sí mismo, de sus actos y reflexiones", y como el "acto psíquico por el que un sujeto se percibe a sí mismo en el mundo". Por tanto, el acto de vivir de forma consciente que vamos a usar es "darte cuenta de cómo estás viviendo tu vida". En ese contexto, tienes la capacidad de reconocer tu realidad, el autoconocimiento sobre cómo te comportas y cómo te percibes en esa realidad que vives en el mundo. En este darte cuenta, pones atención a tus necesidades, valores, sentimientos, objetivos, conductas y pensamientos. Para vivir una vida consciente, necesitamos aprender a tener el mayor contacto posible, tanto con el mundo exterior como con nuestro mundo interior; es decir, desarrollar nuestro nivel de conciencia.

Muchas veces es más fácil conocer lo que nos rodea y relacionarnos con ello que abrirnos a nuestros sentimientos, pensamientos, deseos y necesidades. Lo hacemos de forma consciente e inconsciente. Vale nuestro tiempo preguntarnos:

- ¿Estoy consciente de la vida que estoy viviendo?
- ¿Es la vida que quiero para mí o la vida que alguien más pensó que era mejor para mí?

Quiero compartir contigo una metáfora que usa Simon Dolan en su libro *Coaching por valores* para explicar la importancia de vivir una vida alineada con nuestros valores:

"Si el zapato te queda bien, póntelo. Si no, ponte otro".

"Intenta caminar con unos zapatos que no sean de tu talla. ¿Qué sucede? Si son demasiado pequeños, cuando des un par de pasos empezarás a sentir dolor, que aumentará hasta que no aguantes más y tengas que ponerte otros. Lo mismo ocurrirá si los zapatos te quedan grandes. Primero se te deslizará el pie hacia adelante y se romperán los calcetines, aunque no habrá daños físicos hasta que recorras una distancia mayor e ininterrumpida; entonces sentirás los efectos de los zapatos grandes. ¿Qué pensarías si alguien te dijera que tienes que adaptar el pie para que te queden bien los zapatos? ¿No sería más razonable adaptar o cambiar los zapatos? Y si no encuentras zapatos adecuados en una tienda, te pasarás por otra hasta que los encuentres. Tal vez te lleve un tiempo, y los zapatos nuevos no van a durarte toda la vida, pero te proporcionarán la comodidad que necesitas en ese momento..., y tu vida será mejor gracias a ellos".

Simon Dolan utiliza esta metáfora como reflexión para que podamos analizar si estamos viviendo alineados con nuestros valores. Tomando como referencia esta metáfora, pregúntate: ¿cómo están los zapatos que estás usando para vivir tu vida en el ámbito personal, familiar y de negocios? Muchas veces sufrimos por vivir con los zapatos equivocados, como consecuencia de los cuentos que nos contaron y de los cuentos que nosotros mismos nos contamos. Por ejemplo, si tus padres fueron abogados y toda la vida te dijeron: "Somos una familia de abogados", entonces continuarás con la tradición familiar, pero a ti te interesa estudiar veterinaria. Muchas veces esos zapatos que recibimos nos causan un daño tremendo.

Existen algunas frases famosas que recibimos como parte de nuestra programación mental, algunas de ellas con buena intención. Ejemplos conocidos son: "árbol que nace torcido nunca su rama endereza" y "lora (pájaro) vieja no aprende". Todos los conceptos de la vida que recibimos de nuestra familia, de nuestros amigos, de las redes sociales, de los medios de comunicación y de la sociedad en general impactan, moldean y penetran nuestra mente.

Vivir de forma consciente es, en principio, darte cuenta de que estás viviendo, y luego, decidir conscientemente las acciones a tomar para moverte hacia lo que quieres. Es ahí donde la intencionalidad en cómo vives cobra mucho sentido, definiendo la intención como el foco donde decides poner tu energía. Primero es importante hacerte consciente de que estás viviendo y cómo quieres vivir para poder poner la intención de tus acciones en el camino correcto, en el camino que tú decides y escoges para ti. Probablemente será un camino que no les guste a algunas personas, familiares o amigos; sin embargo, es un camino que te hace suspirar y vibrar, y que te da la energía para levantarte todas las mañanas y enfrentar los desafíos de la vida sin perder la perspectiva. Es ahí donde cae la autenticidad de tu vida: cuando lo que piensas, dices y haces es coherente con lo que es importante para ti, y vives tu vida sin importar lo que piensen los demás. Es entonces cuando los temas que son importantes para tu vida, tus principios y valores, te sirven de filtro para luchar por lo que realmente tiene sentido para ti.

Recuerdo que desde pequeño me decían: "Este Roberto va a ser un buen abogado", dado que supuestamente mis alegatos de niño tenían argumentación y sentido. Escuché eso durante mucho tiempo, y en mi mente estuvo siempre esa posibilidad; sin embargo, no fue algo que influyó en mi decisión.

Como te comenté, escogí estudiar Administración de Empresas Agropecuarias, aunque luego en el camino volvió a mí la idea de estudiar Derecho. Por diferentes razones, esa semilla que se había sembrado intentó nacer. Estudiar Administración de Empresas Agropecuarias, que para muchas personas cercanas a mi familia era una carrera sin futuro, un desperdicio de tiempo y dinero, no me robó la energía. Mi madre creía en mí, me apoyaba. Tenía una clara decisión y motivación para estudiar esa carrera; por tanto, mis intenciones y mi flujo de energía se dirigieron hacia allí. Lo que dijeron los demás no me preocupó para nada. Al final, tener esas bases de estudio me ha permitido tener un mejor perfil para la industria financiera donde comencé a trabajar, e igualmente hoy como consultor internacional.

Cuando eres consciente de dónde estás y qué es lo que quieres, y conviertes tus intenciones en acciones, entonces la vida te cambia. Recuerdo que siempre había querido emprender, crear mi propia empresa; sin embargo, por diferentes razones que debemos llamar por su nombre: excusas, justificaciones que me creaba, no lo hacía. El tiempo pasaba y aparecía una nueva justificación. Ahí es donde me decía: "cuando termine de estudiar mi maestría", "cuando mi hijo inicie la universidad", "cuando termine de pagar esto". En fin, fui inventándome cada cosa y no daba el paso. Me encantaba mucho el trabajo que hacía y estaba creciendo profesionalmente; sin embargo, la espinita de emprender aparecía en mi mente todos los días, dado que trabajé mucho tiempo en la industria financiera, interactuando con clientes de micros, pequeñas, medianas y grandes empresas.

Siempre había admirado la determinación de esas personas por perseguir sus sueños. Mi madre fue una emprendedora permanente y mi mayor inspiración en este tema, así que había estado expuesto desde pequeño al mundo del emprendimiento. Luego, en mi ámbito profesional, era una inspiración tremenda ver las caras de orgullo de cada empresario, indistintamente del tamaño de su empresa, recordando sus inicios, sus fracasos y sus éxitos, sobre todo recordando que nunca se dieron por vencidos. Su crecimiento y capitalización tenían diferentes dimensiones: por un lado, el crecimiento de sus negocios y la creación de empleos; por el otro, las inversiones en la educación de sus hijos. Podría decir entonces que soy producto de la capitalización de la empresa de mi madre.

Al cambiar mi último trabajo en la industria financiera, pasé de un banco alemán especializado en la industria MiPyme a un banco americano especializado en crédito de consumo. Fue una buena experiencia; aprendí mucho de esa cultura organizacional y enfoque; sin embargo, la espinita seguía ahí. Fue el momento en que dije: "Ya no más, quiero emprender", como una manera de poder hacer lo que me gusta, con mi familia, impactar positivamente con nuestros servicios a personas, equipos y organizaciones. Ese nivel de conciencia generó en mí la intención, que luego pasamos a la acción, creando mi propia realidad, en contra de todos los pronósticos de familiares, amigos y conocidos. Solo importó dirigir mis energías y mis intenciones en acciones concretas para crecer y aprender.

Es cómico recordarlo hoy; sin embargo, después de que las personas me veían salir de mi último empleo en saco y corbata, me veían la mayor parte del tiempo en mi casa, en short, camiseta y tenis. Después de unos días, la gente comenzó a murmurar que me habían despedido; familiares se acercaban y me decían: "Hijo, estabas bien en el banco, ¿para qué renunciaste?". Sin embargo, la decisión con compromiso no tuvo marcha atrás. Tomé acción con mis miedos. Claro que sí, no todo salió como lo planeado; pasé seis meses prácticamente sin ventas en la empresa. Los ahorros se acabaron y tenía deudas que pagar; sin embargo, la determinación permitió seguir pasando de la intención a la acción, aprendiendo y creciendo todos los días. Hasta el día de hoy seguimos aprendiendo y creciendo. Las dificultades son aprendizajes, y desde ahí seguimos tomando acción masiva imperfecta.

Indistintamente de cuál sea tu situación, el planteamiento aplica para cualquier circunstancia que estés viviendo: hacerte consciente y decidir el rumbo de tu vida. Reflexionar sobre tu propósito es el hackeo palanca, nuestra brújula vital, porque este determina la dirección que le vas a poner a tu vida. Las intenciones que te deje esa revisión, conviértelas en acción y emprende el viaje. Es así como hoy me dedico a hacer lo que me apasiona: acompañar a personas, equipos y organizaciones a encontrar su máximo potencial que les permita romper paradigmas y emprender acciones concretas para cumplir sus metas. Este viaje lo hago junto a mi hijo, mi hermana y amigos de diferentes países. Fue un viaje de autodescubrimiento, aprendizaje, capacitación y, sobre todo, de tomar acción y vivir el viaje.

En este capítulo comparto contigo diferentes perspectivas para reflexionar sobre tu propósito. Te invito a darles un vistazo, reflexionar con cada una y usar la que te haga sentido a ti, o tomar de cada una lo que te resuene. Al final, debes recordar que es tu propósito sobre el que estás reflexionando. Como dice Simon Sinek en su libro *Encuentra tu porqué*, al que yo llamo tu "para qué", el hackeo palanca.

Todos tenemos un "para qué", una causa, un propósito o una creencia profunda que está en la base de la pasión y motivación. Cuando tienes claro tu "para qué", tu flujo de energía se alinea. Tus pensamientos, emociones y acciones van apuntando a la misma dirección. Un ejemplo sencillo de cómo tener claro nuestro "para qué" son los fines de año; las redes se inundan de publicidad y propuestas con respecto al propósito de Año Nuevo. Muchos de esos propósitos quedan en el olvido, en espera; otros no se inician. Muchos logran cumplir lo que llaman propósitos de Año Nuevo. Aunque hay metas cumplidas con estos propósitos, muchas veces no hay balance; no logramos el equilibrio en los diferentes roles que tenemos en la vida. Tener claro nuestro "para qué" permite que logremos alinear nuestras metas y propósitos de Año Nuevo de forma integral hacia lo que yo llamo un propósito mayor. Esto permite coherencia y consistencia en todas las decisiones y acciones que tomes. Te permite aprender y crecer en el camino para lograr tu propósito mayor. La razón por la que te levantas todas las mañanas es una misma: tu razón de ser y existir.

Podemos resumir la importancia de tener claro nuestro "para qué", nuestra motivación mayor, en la frase de Stephen Covey de su libro *Primero, lo primero*: "Lo principal es mantener lo principal como principal". Tener clara tu motivación mayor te permitirá, de forma integral, tenerla presente en cada decisión y acción que tomes en tu vida.

Existen muchos caminos para realizar el hackeo palanca de encontrar nuestro propósito, de encontrar tu razón de ser. Uno de ellos lo regala Simon Sinek en su libro *Encuentra tu porqué*. Nos plantea el círculo dorado que propone para delimitar el propósito de organizaciones, equipos e individuos, y son tres variables que te resumo desde mi óptica aquí:

- ¿Por qué? La fuerza motriz, la motivación, la razón de ser.
- ¿Cómo? Las acciones, la forma en que voy a cumplir esa razón de ser.
- ¿Qué? Qué es lo que entrego para cumplir con mi razón de ser.

El planteamiento de Sinek surge de adentro hacia afuera. Primero, encuentra tu porqué, tu razón de ser, y luego alinea todo lo que sigue con esta: la forma y qué vas a entregar para que eso suceda.

En todos los métodos que puedas buscar para realizar el hackeo palanca de encontrar tu "para qué", apunta a que busques dentro de ti. Mi invitación en esta propuesta es que te enfoques efectivamente en ti. Vamos a enfocarnos en el ser, entendiendo quiénes somos y cuál es nuestra motivación mayor, partiendo de que el ser es la base para determinar que nuestro hacer nos genera como resultado nuestro tener.

El CMP utiliza el Ser como columna vertebral, lo que permite alinear tus acciones con tu propósito en la vida, tu visión, misión y valores. Tus decisiones están en sintonía con tu Ser, y el "tener" también tiene conexión con él. Esto te brinda mayor claridad sobre cómo realizar el viaje desde tu estado actual hasta el resultado deseado, que son tus metas y sueños.

Algunas personas tienen buenos empleos, ganan salarios atractivos y ocupan buenas posiciones. Sin embargo, carecen de pasión por lo que hacen, no disfrutan su trabajo y frecuentemente se quejan. Viven en un mundo donde el estatus, la presión social y las expectativas de sus amigos, sumadas a los pasivos adquiridos, son su razón para continuar. En este ejemplo, es evidente que el enfoque no está necesariamente en el Ser, sino en el tener. El hacer se convierte en un medio que las mantiene en una supuesta zona de confort, atrapadas por los estereotipos de la sociedad, que ahogan los sueños poco a poco.

En otros casos, las personas también se ven atrapadas por paradigmas y limitaciones, aceptando su destino debido a haber nacido en una familia de escasos recursos. Aceptan esa situación y se resignan a vivir con limitaciones, a pesar de no estar contentos. Las creencias desarrolladas alrededor de esta situación son que "nacimos así, este es nuestro destino". Así, se crea una barrera mental que bloquea y paraliza. En ambos casos, no existe equilibrio del Ser debido a las creencias que limitan la acción que les permitiría alcanzar lo que su corazón realmente desea.

El CMP se plantea trabajar el Ser como una palanca para encontrar tu propósito, tu "para qué". Este se convierte en el eje central que te permite, en cualquier rol de tu vida, realizar las mejoras, los cambios y los aprendizajes que necesitas desde un nivel consciente, logrando así instalarlos en tu mente inconsciente.

A veces, logramos aprender nuevas técnicas, herramientas y formas de ejercitarnos y alimentarnos. Sin embargo, estas no se incorporan en nuestra vida. Esto ocurre porque, aunque poseemos el conocimiento, no hemos trabajado en nuestras creencias, hábitos y emociones. A menudo, nos volvemos incompetentes conscientes. Es increíble, pero es una realidad que vivimos en diferentes escenarios de nuestras vidas. Sabemos cómo alimentarnos saludablemente, sabemos que debemos ejercitarnos regularmente, al menos caminando, y sabemos que debemos descansar. Como ves, estoy utilizando tres ejemplos clave y determinantes para la vida de todo ser humano. Muchos nos olvidamos de estas tres cosas básicas y nos autosaboteamos en nuestra vida. Por tanto, es importante que entendamos cuál es la propuesta del CMP para alinear nuestro Ser, nuestro "para qué", en el proceso de mejora continua. Esto nos lleva a explorar el componente más importante de este poderoso viaje: tu Ser.

Entonces, te invito a reflexionar sobre tu Ser. ¿Quién eres? Responder a esta pregunta es una de las mejores inversiones de tiempo que puedes hacer. Encontrar tu "para qué" estás aquí, tu razón de ser y tu propósito mayor tiene como base entender quiénes somos. Vamos paso a paso a realizar este poderoso ejercicio, para lo cual reflexionaremos a través de los siguientes puntos:

1. ¿Quién soy?
2. Mis valores.
3. Mis recursos internos.
4. ¿Qué significa la vida para mí?
5. Una mirada desde afuera.
6. Ejercicio de visualización: "Mi mejor versión".

1. ¿Quién soy?

Esta pregunta está relacionada con tener claridad sobre nuestra identidad y sobre dónde estamos hoy en relación con lo que declaramos que somos. Al reflexionar sobre quiénes somos, traemos a la luz nuestras creencias y paradigmas, lo que nos permite decidir hackear una identidad limitante, una que es un reflejo del síndrome del impostor, la cual nos impide avanzar hacia lo que realmente tiene sentido para nosotros.

El primer paso para realizar el hackeo palanca y encontrar nuestro propósito es definir quiénes somos. Desde la gratitud, decidimos hackear las creencias que reflejan lo que pensamos, decimos, cómo actuamos y establecemos la identidad que nos moverá en dirección a lo que anhelamos.

Para reflexionar sobre quiénes somos, debemos hacernos preguntas poderosas y responder con honestidad, libres de juicios. Nuestras respuestas serán únicas, y los cuestionamientos deben girar en torno a lo que aspiramos, queremos y anhelamos. Este tipo de reflexiones generalmente no las hacemos. En mi caso, fue un proceso que experimenté en mi camino de crecimiento, primero rompiendo creencias sobre lo que quería hacer, y luego en los procesos de *coaching* de las formaciones que tomé. Siempre me había inspirado emprender y desarrollaba diferentes formas de capacitar a mi personal por mi cuenta. Sin embargo, estaba donde la Matrix me había llevado, y yo inconscientemente había aceptado hasta que desperté y dije: "¡No más!". Agradezco toda esa experiencia, que hoy me suma. Ahora la utilizo conectada con mi propósito: ser un agente de transformación en lo que hago.

Aquí hay una lista de preguntas que pueden ayudarte a reflexionar. Lee cada una y responde para ti:

- ¿Quién crees que eres ahora mismo?
- ¿Cómo te sientes siendo así?
- ¿En qué dirección te lleva quien eres hoy?
- ¿Qué te gusta de quien eres hoy?
- ¿Qué quisieras mejorar de quien eres hoy?
- ¿Qué cosas quisieras eliminar de quien eres hoy?
- ¿Quién serías siendo tu yo ideal?

Ahora que has respondido cada una de las preguntas, léelas nuevamente una a una y reflexiona para ti, respondiendo:

- ¿De qué te das cuenta?
- ¿Qué genera en ti?
- ¿Qué vas a hacer con eso que sientes?
- ¿Qué acción mínima concreta vas a tomar?

Aquí tenemos un primer insumo para comenzar a realizar el hackeo palanca y descubrir tu "para qué", tu propósito.

2. Mis valores

Lo que tiene más significado para cada uno de nosotros en nuestra vida resume cuáles son nuestros valores. Estos se traducen en conductas, y tener claridad sobre lo que realmente es importante para nosotros en la vida nos permite alinear todos nuestros pensamientos y acciones. Sirven para alinear todo lo que hacemos, independientemente del rol que estemos desempeñando. Comparto contigo la definición de Simon Dolan en su libro *Coaching por valores*:

Los valores son palabras cargadas de significado. Cuando se clasifican y traducen en conductas concretas, en consonancia con nuestros objetivos y compartidos con las personas que nos importan, se convierten en potentes herramientas que nos guían hacia el éxito en la vida de los negocios y el negocio de la vida.

Vale nuestro tiempo preguntarnos:

- ¿Cuáles son para ti esas palabras cargadas de significado?
- ¿Se traducen estas palabras en tu vida en conductas concretas que muestran tu actuar?

Responder a estas preguntas nos permite darnos cuenta de si vivimos basados en nuestros valores y si actuamos en consecuencia con nuestros principios. Por ejemplo, si dices que el respeto es un valor fundamental para ti, pero en tu actuar no respetas las ideas de los demás, entonces no estás viviendo acorde a tus valores.

Lo que es importante para ti, lo que tiene significado para ti, tus valores y principios, pueden convertirse en poderosas herramientas para guiarte hacia el éxito en lo que te propongas. Vale tu tiempo reflexionar sobre lo que realmente es importante y tiene significado para ti en la vida. Es decir, es fundamental que conozcas y reconozcas qué es realmente importante para ti y cómo se están cumpliendo en tu vida. El no cumplimiento de estos valores irrenunciables podría ser un elemento clave que afecte el cumplimiento de tus metas.

Por esto, te invito a realizar el siguiente ejercicio:

1. Escribe lo que es más importante para ti en tu vida, aquello que consideras irrenunciable. Escribe entre 5 y 10 valores.
2. Ahora que ya tienes la lista, anota al lado de cada uno qué lo hace importante para ti.
3. Revisa tu lista y compara uno a uno para determinar cuál es más importante en tu vida. Al finalizar, tendrás un ranking de tus valores.
4. Ahora que tienes tu ranking, revisa cómo los estás viviendo; usa una escala del 1 al 10, siendo 10 el máximo grado de satisfacción y 1 el menor, y responde: ¿cuál es tu grado de satisfacción en cómo estás viviendo cada uno de tus valores?
5. ¿De qué te das cuenta con este ejercicio?

Esta reflexión sobre tus valores te regala el segundo insumo en dirección de encontrar tu propósito.

3. Mis recursos internos

Es fundamental, en este proceso de conocernos y de saber quiénes somos, hacernos conscientes de nuestros recursos internos, que son todos aquellos elementos que han marcado la diferencia de forma positiva en nuestras vidas. A veces olvidamos nuestras fortalezas y muchos de nuestros éxitos; somos severos con nosotros mismos al medir nuestro progreso y conquistas. Aquí te regalo un ejercicio que te permitirá reencontrarte con tu poder interno y con esos recursos que te han permitido avanzar en la vida y lograr metas en diferentes áreas. No importa el tamaño del logro ni en qué ámbito de tu vida se haya dado. Por ejemplo, estás leyendo este libro, tomando acción, y has decidido cambiar tu vida. Eso es un gran logro.

Aquí te regalo un ejercicio para identificar tus recursos internos:

1. Escribe 10 logros de tu vida que consideres importantes y que en tu momento pensaste que era difícil lograrlos.
2. Lee cada uno y escribe en una palabra qué te hace sentir recordar esa meta cumplida.
3. Ahora revisa cada uno y en una palabra describe: ¿cuál fue el factor diferenciador que te motivó, que te impulsó a lograrlo?
4. Hasta aquí tienes una lista de recursos internos que te ayudaron a vencer obstáculos, ya están en ti y puedes regresar a ellos siempre.
5. ¿Cómo puedes usar esos recursos internos en el futuro para lograr tus metas?

Este ejercicio te sirve para crear una conexión con esos recursos internos, lo que en PNL llamamos anclaje, así que léelos uno a uno nuevamente y recuerda cómo te sentiste cuando lograste esa meta; vívela nuevamente en tu mente; mira, escucha, siente, huele y saborea todo nuevamente y ancla ese sentimiento a ti; bastará que lo recuerdes nuevamente para que ese estado regrese a ti.

4. ¿Qué significa la vida para mí?

Esta pregunta puede hacerte reflexionar y te invito a hacerlo desde un lugar de curiosidad y exploración. Por lo general, no solemos parar a reflexionar sobre esta pregunta ni tomar en cuenta nuestras respuestas. La vida tiene diferentes significados para cada persona. Lo importante es encontrar el sentido que tiene para ti y que te permita vivir con un propósito claro. Aquí te dejo algunas preguntas que pueden ayudarte a reflexionar:

- ¿Cuál es mi propósito?
- ¿Qué es lo que realmente me motiva?
- ¿Qué pasiones tengo y cómo las puedo integrar en mi vida?
- ¿Qué deseos tengo que aún no he cumplido y cómo puedo darles vida?
- ¿Qué cosas me hacen sentir feliz?

Adicionalmente, aquí te voy a proponer un ejercicio. En esta parte, es importante que respondas como realmente te comportas y piensas, no como te gustaría que fuese, para completar con honestidad las siguientes frases:

- La vida es

____

- Para ser feliz se necesita

____

- El éxito solo se logra

____

- El dinero significa

____

- Hacer ejercicios y comer saludablemente es un tema

____

- Las vacaciones, el ocio y el descanso en mi vida son

____

- El tiempo es

- La familia es

- Los amigos son

Puedes tomar un cuaderno y escribir tus reflexiones. Las respuestas a estas preguntas te brindan información sobre lo que es realmente significativo para ti. Desde ahí puedes tomar la decisión de mantener, cambiar, ajustar o eliminar lo que consideres relevante para construir tu propósito.

5. Una mirada desde afuera

Te propongo otro ejercicio que puede ayudarte a mirar desde otra perspectiva. La idea es que le pidas a alguien que te conozca bien que responda a las siguientes preguntas sobre ti. A veces, lo que no vemos en nosotros mismos se revela a través de los ojos de los demás. Puedes elegir a alguien de confianza: un amigo, familiar o compañero de trabajo. Puedes hacer las preguntas de manera verbal o escrita.

Las preguntas son:

1. ¿En tu opinión, cuáles son las 3 cosas más importantes en la vida de [*tu nombre aquí*]?

---

2. ¿Qué es lo que más disfruta hacer [*tu nombre aquí*]?

---

3. [*Tu nombre aquí*] es muy bueno haciendo

---

4. La mayor virtud de [*tu nombre aquí*] es

---

5. El aporte que [*tu nombre aquí*] le da a mi vida es

---

6. Lo que más admiro de [*tu nombre aquí*] es

A veces, una mirada externa puede abrirnos puertas que ni siquiera sabíamos que existían. Recuerda que la respuesta de esa persona no tiene por qué ser una verdad absoluta; simplemente es una percepción que puede ayudarte a ampliar tu visión de ti mismo.

6. Visualizando mi mejor versión

Nuestra mente es poderosa. La visualización es un ejercicio que te permite hackear tu mente, creando estados de certeza y anclajes hacia lo que deseas lograr. Visualizar y accionar marca la diferencia; el cerebro no distingue entre la realidad y la imaginación. Por ejemplo, si ahora mismo piensas en un limón hermoso, que lo partes a la mitad, exprimes una de las mitades en una cuchara honda y llevas esa cuchara lentamente a tu boca, sintiendo el jugo de limón, es probable que ya estés salivando. Lo mismo sucede cuando te sumerges en una película: la sugestión de la trama puede hacerte llorar, sentir miedo o motivarte, aunque sabes que es ficción.

Comencemos con estas preguntas:

- ¿Te has imaginado cómo sería la mejor versión de ti mismo?
- ¿Qué cosas deberías mejorar, cambiar, fortalecer o aprender para convertirte en tu mejor versión?

- ¿Y si te visualizaras avanzando con todos esos cambios, listo para ser tu mejor versión?

A menudo, en nuestros cumpleaños, al final del año y en fechas importantes, reflexionamos sobre cómo nos está yendo en la vida, dónde estamos respecto a nuestras metas y qué vamos a hacer para alcanzarlas. Nuevas metas, nuevos desafíos y nuevas emociones emergen, y la imagen de nuestro éxito nos llena de energía. Sin embargo, esa motivación a veces se desvanece después de unos días y puede convertirse en parte de nuestra rutina.

Ahora imagina que toda esa emoción de verte en una versión mejorada en el ámbito personal, familiar y de negocios es posible. Visualiza que todo lo que te propones se convierte en acción y que enfrentas retos y desafíos con éxito. Tienes la fórmula del éxito. Imaginarnos en nuestra mejor versión, avanzando y logrando lo que nos proponemos, es un ejercicio gratificante.

Tomando en cuenta esta reflexión sobre nuestra mejor versión, quiero invitarte a continuar en este viaje de crecimiento con el siguiente ejercicio. Responde usando el supuesto que aquí te propongo:

- ¿Qué harías si supieras que no vas a fallar en lo que quieres lograr?
- ¿Qué harías si supieras que ya tienes el éxito garantizado en lo que deseas lograr?
- ¿Quién serías siendo tu yo ideal?
- ¿Dónde te ves en 5 años, en 10 años?
- ¿Qué estarías haciendo?

Te invito a contestar esas preguntas pensando en tu yo ideal, en tu yo imparable. Visualízate en tu estado deseado, recordando que para este ejercicio tienes la certeza de que todo saldrá bien. La visualización es un ejercicio poderoso que te permite crear un estado de certeza y seguridad, enviando a tu cerebro los sentimientos y las sensaciones que esta visualización te brinda. Como dice la expresión: "Si puedes visualizarlo, entonces puedes lograrlo".

Ahora, vamos a realizar el ejercicio de visualización. Recuerda seguir las recomendaciones iniciales. Este ejercicio te permite generar y experimentar un grado de certeza, éxito y bienestar en la consecución de tus metas. Tómate unos minutos para pensar en esta poderosa pregunta y haz el ejercicio de visualizar a tu yo ideal, tu yo imparable, cumpliendo su propósito de vida.

Visualizando mi mejor versión

1. Primero, lee las instrucciones del ejercicio detenidamente, de 1 a 3 veces si es necesario.
2. Ahora, asegúrate de estar en un lugar tranquilo donde no te interrumpan.
3. Listo, pasos 1 y 2 cumplidos, vamos al ejercicio.

Ponte en una posición cómoda, sentado o acostado, lo que prefieras. Ahora, cierra los ojos y respira profunda y lentamente. Siente cómo el aire entra por tus pulmones. A medida que respiras, te sientes calmado y tranquilo, concentrándote únicamente en tu respiración. Siente cómo el aire entra y sale lentamente.

Mientras sigues relajándote, hazte consciente de tu cuerpo, de arriba hacia abajo: siente primero tus pies, luego tus pantorrillas, tus muslos, tu tórax, tus brazos, tus hombros y tu cabeza. En este estado de calma, imagina a tu mejor versión, a tu yo ideal, en la cúspide de tu vida, tomando acción y logrando todo lo que te has propuesto.

Experimenta ese momento. ¿Dónde estás? ¿Cómo te ves? ¿Quiénes están contigo? ¿Qué colores ves, qué olores sientes, qué sonidos escuchas? ¿Cómo te sientes? Mientras sigues experimentando la sensación de logro y seguridad, amplifica esa imagen, hazla más brillante y nítida. Vive esa experiencia con intensidad, siente el orgullo y la seguridad. Eres el actor principal, el guionista y el director de tu vida. Ahora, respira profunda y lentamente.

1. Inhala éxito en tu vida, exhala lentamente.
2. Inhala más seguridad en tu vida, exhala lentamente.
3. Inhala confianza en tu vida, exhala lentamente y abre tus ojos con una gran sonrisa.

Ponte de pie, estírate y sigue experimentando el poder de tu versión imparable.

Graba en tu mente estas emociones y sentimientos. Es un ejercicio que puedes practicar todos los días: al levantarte y acostarte, vivir tu mejor versión. Esto se convierte en un motor poderoso de motivación e inspiración que condiciona tu forma de pensar y, por ende, tus acciones para vivir tu razón de ser, tu propósito.

Revisa qué te ha dejado el ejercicio contestando las siguientes preguntas:

- ¿Cómo te sientes?
- ¿Qué emoción o intención generó en ti este ejercicio?
- ¿De qué te diste cuenta?

Toma nota de tus reflexiones. Ancla en ti todo lo positivo que generó este ejercicio. Puede ser con una palabra, un olor, una frase, un movimiento corporal; algo que te permita conectar con este estado de certeza.

7. Aplica a tu vida el principio del pepino

Hemos revisado diferentes perspectivas para reflexionar sobre tu propósito en la vida, lo que tiene sentido para ti según tus principios y valores. Un elemento importante para vivir tu propósito es lo que yo llamo aplicar "el principio del pepino"; en resumen, es que te importe un pepino lo que piensen los demás. Es tu vida; persigues lo que hace sentido para ti, así que no deberías preocuparte por las opiniones ajenas.

Aquí te dejo 5 filtros que utilizo para tomar acción y perseguir mis sueños:

1. ¿Es bueno para ti?
   - Evalúa si lo que estás haciendo es bueno para tu bienestar mental, emocional, físico y espiritual.
2. ¿Dañas tu círculo vital?
   - Asegúrate de que no les estás causando daño intencional a tus seres queridos en la persecución de tus metas.
3. ¿Dañas a terceros?
   - Verifica que tus acciones no perjudiquen a otros. Mantente fiel a tus principios y valores.
4. ¿Es ilegal?
   - Nunca comprometas tu integridad; asegúrate de que tus acciones sean legales.
5. ¿Comprometes tus principios y valores?
   - Pregúntate si estás viviendo alineado con tus principios. Esto te proporcionará dirección y enfoque.

Tus respuestas a estos filtros te permitirán tomar acciones alineadas con tu propósito, sin que te importe lo que piensen los demás. El principio del pepino te regala el poder de vivir tu vida sin regalarles tu energía a terceros.

Revisando resultados

Ahora toca revisar todos los ejercicios que has realizado. Selecciona las palabras y actividades que resuenen contigo, lo que conecte y que te ves viviendo por el resto de tu vida. Si te identificas con tus resultados, ¡felicidades! Has encontrado tu "para qué".

Tu "para qué" te permitirá vivir de forma consciente y auténtica, alineando tus acciones con lo que realmente tiene significado para ti. Pregúntate: ¿lo que estás haciendo hoy con tu vida te ayuda a cumplir con tu propósito mayor?

Dedica el tiempo necesario para reflexionar sobre esta pregunta. Tener claridad en tus metas te permitirá dirigir tus acciones hacia lo que realmente quieres lograr. Muchas veces olvidamos hacer estas reflexiones, lo que puede desviar nuestro camino. ¿Estás viviendo hoy tu propósito?

Reflexiona sobre tus acciones y su conexión con tu "para qué". Recuerda que, al crecer en conciencia y decidir perseguir tus sueños, rompes paradigmas y tu vida se llena de energía. Cada pequeño paso cuenta, y lo que haces debe sumarte.

Analiza cómo estás viviendo y asegúrate de que tus acciones estén alineadas con tus principios. Cuando tienes claridad sobre quién eres y qué deseas, evitas desviarte de tu camino.

Encontrando tu razón de ser, tu "para qué": el hackeo palanca

En todos los ejercicios anteriores, has reflexionado desde diferentes ángulos sobre tu vida. Cada elemento es clave y determinante para que descubras tu razón de ser: lo que te impulsa a levantarte cada mañana. Así que vamos nuevamente a la acción. Con estos ejercicios, quiero invitarte a descubrir tu razón de ser, tu inspiración y los resultados que tienes en este momento.

Recuerda que has reflexionado sobre:

1. ¿Quién soy?
2. Mis valores.
3. Mis recursos internos.
4. ¿Qué significa la vida para mí?
5. Una mirada desde afuera.
6. Ejercicio de visualización: "Mi mejor versión".
7. Aplica el "principio del pepino".

Ahora, tómate un tiempo para revisar tus reflexiones e identificar las conexiones en cada ejercicio. Pueden ser frases, palabras o actividades que logres identificar con alguna conexión.

a. ¿Qué encuentras similar en tus reflexiones?
b. ¿De qué te das cuenta?

¿Cómo conectan estas reflexiones con los siguientes aspectos?:

- Lo que disfrutas y te encanta hacer.
- Las cosas que haces con facilidad, en las que eres bueno.
- Lo que te gustaba hacer cuando eras niño.
- Lo que te gusta hacer en tus tiempos libres.
- Lo que te inspira y te apasiona.

Ahora ya tienes los insumos para definir tu hackeo palanca, tu "para qué", tu propósito. Escribe el descubrimiento que estos ejercicios dejaron para ti. Escribe desde lo que sientes, lo que resuena contigo. Recuerda que es tu vida; solo debe tener sentido para ti. Así que declara:

Mi propósito en la vida, mi razón de ser, mi "para qué", es:

____

____

____

____

____

____

____

____

Ahora tienes tu hackeo palanca listo. Este dictará tu guía, tu dirección y el camino a seguir.

Antes de continuar con el siguiente capítulo, te invito a reflexionar y a contestar para ti mismo en tu bitácora de transformación personal (BTP):

- ¿De qué te diste cuenta en este capítulo?
- ¿Qué emoción o intención generó en ti?
- ¿Qué vas a hacer con eso que se generó en ti?
- ¿Cuál es la acción mínima concreta que vas a tomar en este momento?
- ¿Qué debe mejorar o cambiar en ti para que eso ocurra?

V
CUIDAR NUESTRA ATENCIÓN, TIEMPO Y ENERGÍA

"Eres el promedio de las 5 personas que te rodean".
Jim Rohn

Parafraseando a Jim Rohn, yo diría que somos el resultado de con quién, dónde y en qué ponemos nuestra atención, nuestro tiempo y nuestra energía. Aunque puede parecer obvio, a menudo las cosas más sencillas, que están a nuestra vista y alcance, pueden impactar enormemente nuestras vidas, tanto positiva como negativamente. Por lo tanto, es fundamental hackear con quién compartimos nuestra vida y ser conscientes de con quién dedicamos nuestro tiempo. Nuestra energía es vital y determinante para avanzar hacia nuestras metas y sueños.

La mayoría de nosotros deseamos vivir una vida mejor, independientemente de lo que eso signifique para cada uno. Si has hecho los ejercicios del capítulo anterior y tienes claro tu propósito de vida, es momento de auditar si tu atención, tiempo y energía se están invirtiendo en lugares que ofrezcan un retorno positivo y coherente con lo que tiene sentido para ti.

Recordemos que son nuestros sueños y nuestras metas, y solo deben tener significado para nosotros, conectados con nuestro propósito. Es crucial cuidar nuestro círculo vital, donde encontraremos personas que nos animen, apoyen e incluso nos reten y ayuden a crecer. También encontraremos a quienes pintan los peores escenarios y, si lo permitimos, se convierten en saboteadores de nuestro progreso.

Estas personas pueden ser familiares, amigos, compañeros de trabajo o incluso nuestra pareja, quienes, por sus creencias limitantes y miedos, intentan arrastrarnos a su mundo.

Recuerdo un supuesto amigo que me dijo de forma irónica que la idea de la plataforma MentorCoach Online era algo que había sacado de internet. Yo le respondí: "¿Qué idea de internet estás tú convirtiendo en empresa en este momento?". Jamás me volvió a tocar el tema. Igualmente, un familiar cercano solía criticar mis proyectos, pero cuando la plataforma MentorCoach funcionó, le dije que al emprender uno se da cuenta de que algunas cosas no funcionan del todo, otras funcionan a medias y otras son un éxito, como la Academia de Microfinanzas. Esta persona es asalariada; quienes no están arriesgando y luchando por sus sueños son quienes critican. Las personas que están cumpliendo sus metas no desperdician su tiempo mirando lo que otros hacen mal; si pueden ayudar, lo hacen y se alegran de tus avances.

Preocuparnos por lo que piensan y dicen los demás es una pérdida de lo más valioso que tenemos en nuestra vida: nuestra atención, tiempo y energía. Cuando decidí renunciar a mi trabajo en el sistema financiero para emprender, muchas personas me criticaron y predijeron que sería un fracaso. Sin embargo, gracias a mi experiencia y formación he tenido la oportunidad de brindar mis servicios como consultor en diferentes países. Fui criticado nuevamente cuando trabajé casi un año en África; algunos decían: "Pobre Roberto, no encontró qué hacer en Nicaragua y tuvo que irse a África". Para mí, fue un reconocimiento que un banco alemán me seleccionara como experto por mis capacidades profesionales; fue una gran oportunidad de crecimiento personal y profesional.

Cuando decidí incursionar en el mundo del *coaching*, también fui criticado. Al estudiar *coaching*, descubrí la programación neurolingüística (PNL) y decidí ir a Estados Unidos para certificarme como *trainer* con Richard Bandler. Algunas personas me dijeron que estaba loco. Luego me certifiqué como instructor de yoga y, nuevamente, la crítica estuvo presente. Un amigo me dijo: "De banquero a *coach*, luego a PNL y ahora a yoga, estás quedando loco". Me dio risa; para él, era una locura, pero para mí tenía todo el sentido del mundo, y al final, eso es lo que importa.

En todos estos casos, simplemente seguí lo que conectaba con mi esencia, cuidando mi círculo vital y contando con el apoyo de los que me rodean. Me importó un pepino lo que pensaran o dijeran los demás. El asunto es hackear dónde ponemos nuestra atención, tiempo y energía. No podemos controlar lo que piensan y opinan los demás; no debería preocuparnos, ya que son el reflejo de sus miedos y creencias.

Nuestra programación mental se ve influenciada por el entorno que elegimos o al que nos exponemos: familia, amigos, universidad, trabajo, redes sociales, series, libros, fiestas, gimnasio, restaurantes, bares, etc. Es vital preguntarnos a qué estamos expuestos en esos ambientes, qué entregamos y qué recibimos en términos de nuestra atención, tiempo y energía.

Auditoría de nuestro círculo de energía

Nuestro círculo de energía debería nutrirnos integralmente. La conducta humana se orienta a enfocarse en lo que nos genera placer y bienestar, alejándonos de lo que nos causa dolor. Es bastante lógico, y probablemente estés diciendo eso ahora mismo. Sin embargo, el secreto radica en decidir a qué asociamos placer y a qué asociamos dolor. Por ejemplo, para algunas personas, levantarse temprano, a las 4:45 a.m., a orar, meditar y correr, les genera placer y bienestar. Para otras, solo pensar en levantarse a esa hora se asocia a dolor, pues prefieren seguir durmiendo hasta que las alarmas indiquen que ya es hora de comenzar la jornada.

Tener claridad sobre nuestro propósito y nuestros principios nos permite tener claridad del camino. También facilita alinear nuestra atención, tiempo y energía para vivir intencionalmente. En este contexto, es fácil identificar con quiénes, dónde, cómo y qué hacer, y decidir cómo sacar el máximo provecho de estos recursos limitados y poderosos que todos tenemos.

Podemos decidir que nuestro propósito y nuestros valores funcionen como una brújula vital. Esta brújula nos ayuda a mantener nuestra energía, a pesar de las circunstancias, y nos evita desviarnos. Nos permite mantener en mente las acciones, decisiones y lo que realmente es importante.

¿Cómo estás cuidando a dónde se van tu atención, tiempo y energía?

El cuidado de a dónde van estos recursos limitados debería reflejarse en con quiénes y dónde los estás invirtiendo o gastando. También debería alinearse con tu propósito, valores, metas y sueños, generando bienestar, crecimiento y aprendizaje. Esto debería reflejarse en los siguientes pilares:

1. Salud mental
2. Salud emocional
3. Salud física
4. Salud espiritual
5. Salud financiera

Ejercicio de auditoría de tu energía vital

Te invito a hacer un ejercicio sencillo para auditar tu atención, tiempo y energía.

Vamos con el ejercicio:

a. **Personas:** haz una lista de las personas con las que compartes más tiempo, presencial y/o virtual.
   - Familiares
   - Amigos
   - Compañeros de trabajo
   - Novio/a, esposo/a

b. **Redes sociales:** revisa tu celular y verifica en qué redes/páginas se va más tu tiempo.
   - TikTok
   - Instagram
   - Facebook
   - YouTube
   - X
   - Threads

c. **Películas/series:** haz una lista de los servicios que usas para ver películas/series.
   - Netflix
   - HBO
   - Amazon
   - Disney
   - Etc.

d. **Tiempo libre/*hobbies*:** haz una lista de las actividades y *hobbies* a los que dedicas tiempo.

- Dormir
- Caminar
- GYM
- Karaoke
- Fiestas
- Licor
- Bailar
- Etc.

e. **Revisa y detalla:** revisa tus respuestas, cada una con detalle, y al lado de cada una especifica cuánto tiempo le dedicas en un mes usando la escala de:

- Mucho tiempo
- Poco tiempo
- Casi nada

f. **Aporte al bienestar:** por último, revisa la lista nuevamente una a una y verifica qué aporte te genera en tu bienestar considerando:

- Mental
- Emocional
- Físico
- Espiritual
- Financiero
- Ninguno

Este ejercicio te entrega una fotografía clara de cómo estás viviendo, en qué se va tu vida; ahí tienes la información necesaria para hacer los ajustes, los cambios que tú consideres necesario.

Hackear a dónde se va nuestra atención, tiempo y energía se logra decidiendo conscientemente por nuestro bienestar y anclando ese bienestar en nuestra mente. Es decir, creando una conexión emocional con lo que nos mueve positivamente en la vida y cortando la asociación del dolor, identificando y alejándonos de los círculos de pobreza mental que poco a poco dañan nuestra vida.

Ejercicio de visualización: elige tu círculo de bienestar

Para lograr un anclaje efectivo, sigue estas recomendaciones:

1. Encuentra un lugar tranquilo: busca un espacio donde puedas estar a solas, libre de distracciones.
2. Crea tu lista de bienestar: tómate un momento para escribir y revisar detenidamente tu lista de bienestar. Reflexiona sobre qué te genera satisfacción y felicidad.
3. Elige tu ancla: una vez que tengas tu lista, selecciona una palabra, frase, imagen o movimiento que asocies con el bienestar.
4. Prepárate para la visualización: cierra los ojos y comienza a respirar profunda y lentamente. Con cada respiración, siente cómo te relajas más y más.
5. Visualiza los beneficios: después de unas cuantas respiraciones, imagina todos los beneficios de cada área de bienestar en tu vida. Visualiza cómo avanzas y permite que esa imagen mental se vuelva vívida. Escucha, siente, huele y saborea cada aspecto de esa vida en bienestar.
6. Amplifica la experiencia: haz que esa imagen mental sea más grande y colorida. Experimenta nítidamente

viviendo en bienestar. Aumenta las sensaciones: lo que sientes, dices, escuchas, hueles y saboreas.

7. Conecta con tu ancla: en el momento de máxima conexión con tu bienestar, utiliza la palabra, frase o movimiento que elegiste. Esto te permitirá recordar este estado en cualquier momento.

También puedes hacer un ejercicio opcional para anclar alejarte del círculo de pobreza. Puedes hacer lo contrario, revisando qué cosas, personas o lugares te llevan al círculo de pobreza. Este ejercicio te ayudará a alejarte de lo que no te beneficia, te permitirá anclar un estado de asociación negativa a elementos que te restan bienestar. Visualiza el daño: imagina todo el daño que esas personas, lugares o hábitos le causan a tu vida. Ancla un sentido de dolor y rechazo hacia todo lo que te lleve a la pobreza mental.

Al finalizar estos ejercicios, reflexiona sobre las siguientes preguntas:

- ¿De qué te das cuenta con este ejercicio?
- ¿A dónde te lleva tu atención, tiempo y energía?
- ¿Qué vas a hacer con esta reflexión?
- ¿Qué acción concreta vas a tomar?

Las reflexiones que no se traducen en acción multiplican por cero. Esto puede implicar que decidas distanciarte de círculos que no te suman ni agregan valor a tu vida. Al hacerlo, estás hackeando tu bienestar y tomando el control de tu vida.

Vivir lo que tiene sentido para ti, en lugar de lo que dictan los estereotipos y la presión social, es un acto de valentía. Algunos lo entenderán y te motivarán; otros no lo harán y te criticarán. Al final, cada uno vive su vida según sus creencias, y tú estás decidiendo vivirla intencionalmente.

Antes de continuar con el siguiente capítulo, te invito a reflexionar y a contestar para ti mismo en tu bitácora de transformación personal (BTP):

- ¿De qué te diste cuenta en este capítulo?
- ¿Qué emoción o intención generó en ti?
- ¿Qué vas a hacer con eso que se generó en ti?
- ¿Cuál es la acción mínima concreta que vas a tomar en este momento?
- ¿Qué debe mejorar o cambiar en ti para que eso ocurra?

VI
EL CAMBIO Y LA MEJORA CONTINUA

"¿Qué sería de la vida si no tuviéramos el valor de intentar algo nuevo?".
Vincent van Gogh

La pregunta de Van Gogh nos invita a una poderosa reflexión sobre el costo de oportunidad de no intentar nada nuevo. Si respondemos a esta pregunta, la respuesta es obvia: permanecemos en nuestra zona de confort, en un lugar de comodidad y en creencias limitantes que nos impiden luchar por nuestros sueños. Esto nos lleva a un estancamiento donde no evolucionamos, no crecemos y no hay innovación ni desarrollo.

Imagina cualquier punto de nuestra historia como humanidad si nadie hubiese intentado innovar, inventar y explorar nuevas posibilidades. ¿Cómo sería nuestra vida hoy sin los descubrimientos médicos y tecnológicos que benefician a la humanidad? Imagina que Thomas Alva Edison no hubiese intentado crear el bombillo eléctrico, o que no existieran la penicilina, el internet, la rueda, el automóvil, la anestesia, el aeroplano, la refrigeración o las vacunas. No intentar nada nuevo es sinónimo de parálisis y estancamiento. Así, existe una conexión poderosa entre intentar algo nuevo, el cambio y la mejora continua. Salir de la zona de confort es un paso determinante para romper con los paradigmas que bloquean nuestra vida y para descubrir nuevas posibilidades y oportunidades.

El cambio como variable presente

El cambio es una variable presente en todo proceso de transformación, adaptación y evolución. Sin importar las circunstancias de tu vida, el cambio está en todos los momentos. Charles Darwin, en su teoría de la evolución, describe cómo las especies se adaptan a los cambios en su entorno para garantizar su supervivencia. Esta adaptación, que ocurre generación tras generación, convierte a los individuos en los más preparados para competir con otras especies y preservar su continuidad.

Según el *Diccionario de la lengua española*, la transformación es la "acción y efecto de transformar, es decir, hacer cambiar de forma a alguien o algo". Por lo tanto, podemos concluir que la transformación es el medio para lograr la evolución.

En la actualidad, el mundo está cambiando a gran velocidad. Es fundamental desarrollar la competencia de la flexibilidad mental para adaptarnos, ajustar, aprender, desaprender y cambiar. Las relaciones en la sociedad se han transformado, y muchos cambios no fueron opcionales. La pandemia, la evolución digital y el desarrollo tecnológico han forzado a todos a salir de su zona de confort. Este cambio, que es y será parte de nuestra vida, nos invita a experimentar cosas nuevas de manera permanente.

La aceleración del cambio

A lo largo de la historia, lo único permanente ha sido el cambio. Este proceso de cambios es constante y se acelera vertiginosamente, afectando las relaciones en todas las esferas de la sociedad. Las competencias y habilidades que necesitamos para enfrentar la vida están en constante evolución, adaptándose a los nuevos retos y tendencias que el mundo presenta.

Esto influye en las empresas, que deben repensar su forma de organizarse y trabajar, utilizando nuevas herramientas y aplicaciones para la comunicación y coordinación. La formación *online*, tanto en vivo como asincrónica, se ha vuelto esencial. Aunque estas modalidades ya existían, la resistencia al cambio y las viejas creencias limitantes cerraban las posibilidades que ahora son una realidad.

Nadie tenía un plan de contingencia para el covid. La gran mayoría no estaba completamente preparada en términos de recursos materiales y financieros. Por lo tanto, la flexibilidad mental se vuelve clave en nuestras vidas. Debemos aprender a entender el cambio y abrazar lo positivo que nos ofrece.

Mis deseos de emprender se retrasaron por el miedo al cambio. Me inventé excusas hasta que finalmente decidí actuar. El proceso de adaptación fue difícil, pero enfrentar el cambio del flujo de ingresos fijos a variables me llevó a nuevas oportunidades. Acepté que algunos de mis servicios no fueron aprobados en el mercado, pero tomé lo que funcionó, aprendí y seguí adelante. Empecé a confiar en seguir tomando acción y complementé mi experiencia financiera con *coaching*, programación neurolingüística y yoga.

La duda, el miedo y la incertidumbre se superan tomando acción. Recuerda que siempre ganamos: o funciona lo que planeamos o aprendemos. Hackear la resistencia al cambio implica ser flexible y estar abierto a explorar nuevas experiencias, conocimientos, competencias y formas de vivir.

Esta flexibilidad nos permite integrar, aprender y adaptarnos a lo que realmente hace sentido en nuestra nueva sociedad digital. Así, la mejora continua se convierte en algo normal, dado que el cambio es parte integral de este proceso.

Tomando el cambio como una variable permanente en nuestras vidas, podemos elegir entre dos opciones: resistirnos al cambio y luchar contra él, o aprovecharlo, aprender, innovar y crecer. Autoliderar nuestros procesos de cambio es una tarea poderosa que está en nuestras manos. Nos permite movernos hacia el éxito y vivir desde el valor, con coraje y libertad, persiguiendo nuestros sueños con una mente abierta a nuevas oportunidades.

Ejercicio de visualización

Quiero invitarte a realizar otro ejercicio de visualización. Recuerda las recomendaciones iniciales y buscar un lugar tranquilo y sin ruido.

1. **Lectura:** lee el ejercicio de 1 a 3 veces según consideres necesario.
2. **Posición cómoda:** siéntate o recuéstate en una posición cómoda y cierra los ojos.
3. **Respiración:** respira profunda y lentamente. Siente cómo el aire llena tus pulmones, cómo se infla tu pecho y cómo ese oxígeno te llena de energía. Al exhalar lentamente, siente la paz y la tranquilidad.
4. **Enfoque en la respiración:** concéntrate en sentir tu respiración. Inhala vida y exhala preocupaciones; inhala paz y exhala estrés. Cada respiración te llena de energía y tranquilidad.
5. **Visualiza tu vida sin miedos:** imagina que vives tu vida sin miedos, haciendo las cosas que has deseado, persiguiendo tus sueños y venciendo obstáculos. Visualiza esa imagen de ti mismo, sintiendo el momento, escuchando, oliendo y saboreando cada experiencia.

6. **Intensifica la imagen:** haz que esa imagen sea más grande y colorida, intensifica el brillo y graba en tu mente tu expresión de satisfacción y orgullo.
7. **Conexión final:** respira una vez más y, al exhalar, abre los ojos con una gran sonrisa de orgullo.

Si has realizado el ejercicio de visualización con la intensidad adecuada, te felicito. Este ejercicio te permite hackear tu mente, instalando una asociación neuroasociativa con el éxito de vivir sin miedos. Si no lo hiciste, recuerda que esto es algo que hacemos inconscientemente al anticipar fracasos. La elección está en ti:

- ¿Optarás por visualizar posibilidades o miedo?
- ¿Quién serías si vivieras sin miedo?
- ¿Quién serías si tuvieras garantizado el éxito en lo que deseas hacer con tu vida?

El cambio es esencial en nuestra vida. Nuestra capacidad para abrazarlo y adaptarnos es clave para navegar con éxito en un mundo cada vez más incierto.

El filósofo Sócrates nos regala esta frase poderosa con respecto a la resistencia al cambio: "El secreto del cambio es enfocar toda tu energía no en luchar contra lo viejo, sino en construir lo nuevo". La resistencia al cambio desenfoca nuestra energía y dificulta la implementación exitosa de los procesos de cambio.

Por ello, es válido preguntarnos dónde estamos enfocando nuestras energías: ¿en construir lo nuevo? ¿O nos estamos aferrando al pasado? Definitivamente, si deseas lograr cambios positivos en tu vida, el cambio debe ser parte de tu forma de explorar, aprender, crecer, innovar, crear y salir de tu zona de confort. Es fundamental incorporar en tu programación mental las emociones, el lenguaje, los hábitos y un enfoque abierto a las posibilidades, hacia lo nuevo, hacia el cambio como un eslabón en la cadena de la mejora continua que es parte de tu vida.

Ahora que hemos reflexionado sobre cómo hackear la resistencia al cambio con nuestra flexibilidad mental, entremos al siguiente componente clave del CMP: la mejora continua. Es esencial hacer una referencia obligatoria a los orígenes de esta filosofía japonesa de gestión, que está orientada a la mejora continua de procesos en busca de erradicar las ineficiencias que conforman un sistema de producción. En 1950, el norteamericano William Edwards Deming incorporó en la industria japonesa métodos estadísticos de control de calidad de procesos, los cuales fueron fácilmente asimilados por los japoneses, entre ellos Masaaki Imai, conocido como el padre de la filosofía Kaizen de la mejora continua.

El CMP utiliza el principio esencial de la filosofía Kaizen, que es la mejora continua, y la programación neurolingüística, para implantar patrones de comportamiento, cambios pequeños, incrementales y sostenidos en el tiempo de forma disciplinada, que generan e impactan en grandes y significativos resultados positivos. En el CMP, esta filosofía se incorpora en nuestra vida diaria como piedra angular para transformar nuestros patrones de comportamiento y lograr la mejora continua personal. Es la base sobre la cual el CMP presenta un circuito sencillo y práctico de condicionamiento mental orientado al crecimiento personal de forma integral.

¿Cuántas veces te has propuesto metas? Te animas, te motivas y empiezas a navegar hacia esa meta; paulatinamente vas avanzando y, de repente, entras en un descenso de energía y motivación. Comienzas a descuidar esa meta hasta llegar al punto de olvidarla y regresas al estado inicial. Un ejemplo clásico es el de vencer el sobrepeso y regresar nuevamente al mismo peso. Lo mismo ocurre en otros aspectos de nuestras vidas: terminas tus estudios universitarios con mucho esfuerzo y determinación y, al lograrlo, la energía, el impulso y la emoción desaparecen poco a poco. Pasan diez años y no has invertido ni tiempo ni recursos en tu desarrollo profesional. Otro ejemplo es que luchas por encontrar un trabajo y logras una oportunidad, pero después de seis años sigues en la misma posición; no ha habido esfuerzo ni acción adicional de tu parte para crecer; consecuentemente, tus energías y motivación se desvanecen.

Esto también ocurre con la meta soñada de muchos: lograr ser independientes y emprender. Cuando lo piensas, te emocionas, haces mil planes, te ves conquistando el mundo, te arriesgas y, por alguna razón, las cosas no se dan como lo planeaste o simplemente no arrancas. Las baterías del emprendimiento se apagan poco a poco. Es en este punto donde incorporar la mejora continua te permite crear una forma de pensar que condiciona tus respuestas, te ayuda a aprender de tus acciones y a mantener un nivel de energía en mejora continua. Este hábito te permite un progreso permanente y un enfoque que te permite ver las fallas, los fracasos y los errores como oportunidades para aprender, mejorar y perfeccionar tu camino. Así, podrás ajustar tus estrategias para fortalecer tus competencias y dirigir tus acciones con un nuevo rumbo que te permita cumplir las metas propuestas.

Para el cumplimiento de nuestras metas en cualquier ámbito de nuestras vidas, es importante reflexionar sobre el potencial ilimitado que tenemos como seres humanos. Estamos bendecidos por el creador con la máquina más sofisticada y de alta tecnología que existe hasta la fecha: nuestro cerebro. La capacidad y velocidad de procesamiento de nuestro cerebro nos abren posibilidades hacia el infinito y más allá. Está en nosotros qué uso le damos y cómo explotamos ese potencial. Con el CMP, te planteamos un esquema sencillo usando programación neurolingüística para que puedas instalar en tu vida los patrones de conducta que identificas como necesarios para lograr lo que te propones, utilizando tu mente consciente para guiar tu mente inconsciente hacia el logro de tus metas.

A menudo, somos conscientes de lo que queremos; sabemos con claridad qué deseamos y cómo lograrlo. Sin embargo, fallamos en el proceso. Un ejemplo clásico de metas personales es comer saludablemente para perder algunos kilos. Visitas a un especialista que analiza tu situación, tu estilo de vida y tus hábitos de consumo. Con base en tu situación, te recomienda una combinación de alimentos saludables que te permitirán perder esos kilos de más y experimentar los beneficios para tu salud. Te explica los beneficios de incorporar estos nuevos hábitos alimenticios; incluso inviertes tiempo en ver documentales o películas y hasta lees libros sobre la comida saludable. Adquieres mucho conocimiento con toda la información requerida y cuentas con la asistencia de un experto en nutrición. Comienzas con tu cambio de hábitos alimenticios y, gradualmente, notas los resultados. Sin embargo, después de tres semanas, regresan a tu mente los deseos de comer comida chatarra y, sin darte cuenta, vuelves a tus malos hábitos alimenticios. Todo lo que habías logrado se pierde. ¿Qué pasó? A pesar de estar consciente de los beneficios de comer saludablemente, tus malos hábitos se activan nuevamente.

Es crucial que nos hagamos conscientes de cómo estamos funcionando en el camino para cumplir con nuestras metas. Utilizaremos la propuesta de Noël Burch sobre las cuatro etapas para aprender cualquier habilidad y, desde allí, veremos cómo estamos utilizando nuestra mente consciente e inconsciente para instalar en nosotros los patrones de conducta que necesitamos para perseguir nuestros sueños. Burch propone la escalera del aprendizaje en cuatro niveles:

- Nivel 1: Incompetencia inconsciente. No sabes que no sabes.
- Nivel 2: Incompetencia consciente. Te haces consciente de lo que no sabes, pero puedes decidir iniciar el camino del aprendizaje o no.
- Nivel 3: Competencia consciente. Eres consciente de lo que no sabes y has aprendido cómo hacerlo, aunque requieres cierto nivel de concentración.
- Nivel 4: Competencia inconsciente. Aquí ya sabes cómo hacerlo y ni siquiera necesitas pensar conscientemente en ello.

En cuanto a las cosas que quieres cambiar en tu vida, si usaras el modelo propuesto por Burch, ¿dónde te encuentras con ellas? Si ya sabes lo que tienes que hacer y no lo estás haciendo, entonces te encuentras en una incompetencia consciente, atrapado por creencias y paradigmas. Por ello, elevar tu nivel de conciencia se convierte en un paso importante; sin embargo, este debe traducirse en acción para que funcione y logres, de forma consciente, ser competente inconscientemente. La repetición intencionada, aplicando el principio de la mejora continua, se convierte en un poderoso hackeo que te permitirá vencer el miedo y la resistencia al cambio, creando una competencia inconsciente en aquello que deseas mejorar y cambiar en ti para lograr lo que te propongas de forma integral.

Veamos algunos ejemplos prácticos de cómo aplicar esta filosofía en nuestra vida diaria, utilizando la regla de mejorar un 1% todos los días. Recuerda, la estrategia consiste en implementar pequeños cambios continuos e incrementales.

Ejemplo: el factor tiempo

- ¿Cuántas cosas deseas hacer en tu vida que no haces hoy porque te dices que no tienes tiempo?
- ¿Cuántos libros has leído este año?
- ¿Y el año pasado?

Tomemos como ejemplo la lectura de un libro de tu interés. Es común pensar que no tenemos tiempo, así que veamos un enfoque sencillo:

Supongamos que quieres leer un libro de 230 páginas, pero te dices a ti mismo que no tienes tiempo. Visualizas el libro, te parece interesante, pero rápidamente piensas en tus ocupaciones diarias: te levantas temprano, llegas tarde a casa y lo único que deseas es descansar y nada más.

Ahora bien, pregúntate: ¿realmente quieres leer ese libro? Si la respuesta es sí, ¿qué pasaría si decides como meta leer solo una página al día y aumentas un 1% adicional de lectura cada día? A ese ritmo, terminarás el libro en 120 días, es decir, en 4 meses. ¡Podrías leer al menos 3 libros al año usando este principio! Lo mejor de todo es que, al aplicar esta disciplina, crearás hábitos permanentes y tu agilidad para leer mejorará notablemente. El día 71 estarás leyendo apenas 2 páginas diarias, pero esa meta pequeña que incrementas cada día te permitirá romper paradigmas relacionados con el uso del tiempo y crear hábitos duraderos.

Otro ejemplo: bajar de peso

Un error común que cometemos es plantearnos metas muy agresivas sin un esquema que nos permita dirigir nuestras energías hacia ese objetivo, dividiéndolo en pequeñas metas medibles día a día. Tomemos la famosa meta de bajar de peso, que todos conocemos. En alguna ocasión, puede que decidieras perder esas 15 libras de más que ganaste durante las vacaciones. De repente, decides que debes bajar de peso y, tras un consumo promedio de 4,500 calorías en comida chatarra, comienzas una dieta rigurosa disminuyendo tu ingesta a 1,000 calorías diarias. Sobrevives a esta dieta por unos días, con mareos y mal humor, pero eventualmente abandonas.

Sin embargo, si aplicas la regla del 1% en esta situación, el proceso sería diferente. Imagina que decides bajar de 4,500 a 2,000 calorías diarias. Aplicando la regla del 1%, podrías alcanzar este objetivo en 81 días, lo que representa una disminución del 55.20% de tu ingesta de calorías diarias. Este enfoque gradual te permitirá construir nuevos hábitos y evitar el famoso efecto rebote, ya que realizas pequeños cambios que son sostenibles en tu estilo de vida.

Los cambios pequeños y graduales, realizados de forma constante, se convierten en hábitos automáticos. Ahí es donde hackeamos la motivación, ya que se transforma en una reacción automática en una competencia inconsciente. Este proceso de instalación de hábitos no es nuevo; muchas actividades se realizan de forma automática debido a la repetición continua.

Hoy tienes la oportunidad de instalar hábitos potenciadores que te permitan, de manera gradual y constante, crear los patrones de comportamiento necesarios para lograr tus metas en diferentes ámbitos de tu vida: personal, familiar y profesional.

La mejora continua te ofrece la posibilidad de cambiar tu vida. La flexibilidad mental y la apertura al cambio deben ir acompañadas de decisiones conscientes y, sobre todo, de acción. Recuerda la frase del pensador chino Lao Tse: "Un viaje de mil millas comienza con el primer paso".

Ahora que hemos explorado cómo aplicar la mejora continua en tu vida, tómate un momento para reflexionar. ¿Qué emoción e intención se generan en ti al considerar estos conceptos? ¿Cuál será el primer paso que darás para pasar del deseo a la acción? Las respuestas a estas preguntas pueden marcar la diferencia.

Recuerda, si no tomamos acción, nuestras metas y sueños quedarán como simples deseos. El camino hacia el cumplimiento de tus metas comienza con el primer paso, sin importar el tamaño de tus aspiraciones. A menudo, ese primer paso no se da debido a creencias limitantes, miedos o preocupaciones sobre lo que dirán los demás. El poder de crear el momento perfecto para tomar acción está en tus manos.

Antes de continuar con el siguiente capítulo, te invito a reflexionar y a contestar para ti mismo en tu bitácora de transformación personal (BTP):

- ¿De qué te diste cuenta en este capítulo?
- ¿Qué emoción o intención generó en ti?
- ¿Qué vas a hacer con eso que se generó en ti?
- ¿Cuál es la acción mínima concreta que vas a tomar en este momento?
- ¿Qué debe mejorar o cambiar en ti para que eso ocurra?

VII
SER EN EQUILIBRIO Y ECOLOGÍA EMOCIONAL

Encontrar el balance en la vida es una de las metas que comúnmente escuchamos hoy en día. Las exigencias del mundo dinámico y cambiante han traído más presión sobre este tema. Nuevas formas de relacionarnos, la velocidad con que se mueve el mundo, lo demandante de los trabajos, las reuniones presenciales y virtuales, el tráfico, llevar a los niños a la escuela, decidir quién los lleva, comer sano, ejercitarse, hablar con la familia, compartir con amigos, cumplir metas y enfrentar día a día plantean retos en la búsqueda continua del equilibrio. Este balance deseado entre todos los elementos importantes para nuestra existencia se expresa en los diferentes roles que desempeñamos. El CMP te propone un esquema para elevar tu nivel de conciencia sobre el equilibrio del SER, permitiéndote encontrar un balance que tenga sentido para ti y revisar cómo estás invirtiendo tus energías. Este enfoque te ayudará a vivir una ecología integral saludable y positiva para tu vida.

El principio detrás del SER en equilibrio y la ecología emocional que te propongo es hackear y elevar tus niveles de autoconciencia en tu viaje de transformación y en el cumplimiento de tu propósito de vida y sueños. Esto implica revisar cómo tus decisiones impactan tus ejes vitales en las áreas personal, de relaciones y de negocios. Así podrás simplificar tu análisis y tomar conciencia sobre el balance y equilibrio en función de las metas que te planteas y las acciones a realizar. Es un método muy sencillo, dado que la reflexión clave en el proceso es analizar si tus metas están alineadas con tu SER en estos ejes (vida personal, relaciones y negocios), utilizando la ecología emocional como primer filtro. Si encuentras un balance positivo en tu proceso, podrás seguir buscando tus sueños e implementar el principio de mejora continua en tus metas. La propuesta del SER en equilibrio plantea tres enfoques para considerar el balance:

- Personal: todo lo que conecta con tu individualidad.
- Relaciones: tus relaciones y tú.
- Negocios: tu vida profesional, de negocios, a lo que te dedicas.

Jaume Soler y Mercè Conangla, autores del libro *Ecología Emocional*, definen esta última como el arte de gestionar nuestras emociones de tal forma que la energía que generan se dirija a nuestro crecimiento personal, a la mejora de nuestras relaciones interpersonales y a la construcción de un mundo más armónico y solidario.

En este sentido, el CMP plantea el SER en equilibrio desde la armonía de tu viaje de transformación con tu SER, tu propósito, el cumplimiento de tus metas y cómo tus decisiones afectan el equilibrio de tus ejes vitales. Esto se hace evidente al elevar tu grado de autoconciencia respecto a las decisiones y acciones que tomas, e incluso las que no tomas. Es fundamental entender que el único responsable de lo que nos ocurre somos nosotros mismos, ya sea por las decisiones que tomamos o por las que no tomamos en el camino de la vida. Debemos dejar de culpar a otros en nuestro rol de víctimas y pasar a jugar un rol de protagonistas como guionistas, directores y actores principales de nuestra propia vida.

Con el SER en equilibrio, buscamos hackear el balance de lo que tiene sentido para nosotros, refiriéndonos a tu energía como persona y cómo tus decisiones consideran tus ejes vitales. No estamos hablando de que tus decisiones sean complacientes con los demás, o que elijas hacer algo para agradar a otros. Estamos hablando de que, desde tu SER, tus decisiones guarden el balance que tenga sentido para ti en esa tríada: personal, relaciones y negocios. Por ejemplo, decides estudiar Arquitectura cuando todos en tu familia siguen una tradición de ser abogados. En este caso, tu decisión puede no ser bien recibida por tus padres y familiares en general; sin embargo, la revisión de tu SER en equilibrio debe enfocarse en la armonía de tus ejes vitales y en cómo tus emociones afectan cada aspecto de tu vida personal, relaciones y negocios. Si encuentras el balance en estos tres aspectos, podemos afirmar que hay ecología en tus decisiones. Puede que a tus padres no les guste, pero ser consciente implica al menos invertir tiempo en explicarles por qué te apasiona seguir ese camino, ya que es lo único que está dentro de tu círculo de influencia.

Recuerdo que tuve una lucha interna por renunciar a mi trabajo y emprender los proyectos que siempre había tenido en mente. Fue una batalla con el miedo a lo que podría pasar si no me iba bien. En ese momento, tenía un préstamo importante vigente debido a dos inversiones en propiedades: una en la que funcionaba un negocio de renta de apartamentos y otra para pagar mi carro. Además, mi hija había nacido recientemente, lo que complicaba aún más la decisión, cruzando mis ejes vitales de forma directa. Hablar con mi familia y explicarles lo que quería hacer, cómo lo quería hacer, y los riesgos y oportunidades que eso conllevaba, fue un proceso que llevó varios meses. Sin embargo, en mi cabeza era una idea que llevaba tal vez dos años. El proceso de solicitar apoyo y explicarles qué quería ser fue importante. No fue fácil, dado el tema de las deudas y las obligaciones existentes en ese momento. El miedo y la ansiedad sobre lo que podría salir mal me hicieron reflexionar mucho. No obstante, aun con ese temor, recibí el apoyo emocional que necesitaba, lo que me permitió tomar la decisión en armonía conmigo mismo, con mis relaciones y conectado con el eje de negocios. La idea era crear una empresa que me brindara más libertad de tiempo para mí y mi familia haciendo lo que me gustaba. Creo que esto fue un factor importante para poder navegar las aguas de la incertidumbre y las dificultades que todo emprendedor enfrenta en su primer año. En este sentido, el CMP te plantea realizar un ejercicio para conocer cómo está tu SER en equilibrio y cómo está la ecología emocional de tus ejes vitales. Hoy, la empresa sigue funcionando con mi familia y amigos. Seguimos aprendiendo y creciendo; hay cosas que salen bien y otras que no, pero siempre estamos en un proceso de crecimiento juntos.

Veamos ahora otro ejemplo hipotético de una persona a la que llamaremos Marlon. Él es un joven profesional, casado y con una hija. Entre sus planes está comprar un carro nuevo, lo que lo lleva a analizar la oferta en el mercado. Al revisar catálogos en internet, se enamora de un vehículo que cuesta 38 mil dólares, similar al que tienen algunos de sus amigos y compañeros de trabajo. Marlon actualmente conduce un carro usado en perfectas condiciones, pero desea cambiarlo. Vive con su esposa e hija en una casa que rentan. Otra meta que tienen Marlon y su esposa es comprar una casa; llevan dos años ahorrando para el depósito inicial y poder solicitar el préstamo.

En un día normal de Marlon revisa su correo electrónico personal y, de repente, llega la oferta de su vida: hay una feria de venta de vehículos nuevos y su banco le hace una superoferta con tasa preferencial, reduciendo la prima para comprar el carro de sus sueños en un plazo de hasta 72 meses. Como beneficio, le ofrecen un año de seguro y algunos accesorios complementarios. Marlon se va con sus amigos a visitar la feria, donde los representantes de su banco le brindan la atención que merece. Se encuentra cara a cara con su vehículo soñado: el color que siempre le ha gustado. Realiza la prueba de manejo y, por ser el cliente número 5,000 del año, también le ofrecen los primeros tres mantenimientos gratis. Por curiosidad, Marlon se acerca al *stand* de su banco, hace las consultas del caso y, dado que ellos manejan la nómina de la empresa, tienen su historial de ingresos y su capacidad de ahorro. Después de consultar, en solo diez minutos le dicen que tiene un préstamo preaprobado y, lo mejor de todo, que puede pagar la primera cuota tres meses después de haber tomado el préstamo. Él piensa que el universo ha conspirado a su favor.

Toma fotos del vehículo, se las envía a su esposa y emocionado le cuenta todas las ventajas, beneficios y condiciones que le están ofreciendo. Le dice que es una superoportunidad. A su esposa le encanta el color; es precisamente el modelo que a ella le gusta. Marlon le pregunta qué piensa, y ella le responde que le gusta mucho y que está linda, pero quiere saber cómo harán con lo de la casa que planeaban comprar. Marlon le asegura que no se preocupe, que eso también lo tiene resuelto: planea vender el carro usado y esforzarse en mantener y elevar el monto de sus bonificaciones para pagar la cuota y reponer el ahorro de la prima. Su esposa sabe que, en los últimos tres meses, su salario variable se ha incrementado significativamente. Después de discutir unos minutos los pros y los contras, su esposa le sugiere que mejor esperen, ya que a ella le da miedo. Marlon le dice que no tiene por qué temer, que nada malo va a pasar. Al final, decide proceder con el llenado de la solicitud, y en 30 minutos está firmando los documentos del préstamo y comprando su nuevo y flamante vehículo de 38,000 dólares. Por supuesto, sube una foto a las redes sociales y sale a disfrutar con su esposa e hija. Las fotos de sus viajes en el carro nuevo empiezan a llenar sus redes sociales. Sus amigos, vecinos y compañeros lo felicitan por la inversión. Él se siente contento y feliz por la aceptación de su nuevo carro.

Luego de un tiempo, se da cuenta de que hay más cosas en la vida. El contrato de la casa que deseaba comprar se aleja y su esposa también comienza a sentir la presión. Las cuotas son más altas de lo esperado y sus bonificaciones bajan; a veces le hace falta para completar sus pagos. Con la crisis de los primeros meses de adquisición de su nuevo carro, su esposa se siente estresada. Por la noche, Marlon no puede dormir, siente ansiedad y empieza a cuestionar sus decisiones. ¿Valió la pena comprar un carro nuevo cuando no alcanzan el ahorro necesario para comprar la casa? ¿Fue realmente una buena decisión? La llegada de su hija se vuelve más difícil, pues hay que comprar pañales, llevarla al pediatra y pagar las cuentas de la casa. La relación con su esposa empieza a deteriorarse, ya que ambos discuten y sienten la presión de hacer malabares con el presupuesto familiar.

El viaje de Marlon se convierte en un ejemplo de cómo el SER en equilibrio se perdió. Al inicio, la decisión de comprar el carro fue impulsada por la emoción, en lugar de hacer una revisión consciente de la ecología emocional en sus ejes vitales. En este caso, el gran riesgo es que Marlon está invirtiendo su tiempo y dinero en un carro nuevo, pero el sueño de comprar una casa se diluye. Lo que fue una gran decisión ahora se transforma en un peso que lo lleva a cuestionar lo que está haciendo. Se encuentra en una lucha entre lo que realmente quiere y lo que la presión social le dice que debe hacer.

Aquí es donde la reflexión sobre el SER en equilibrio se hace necesaria. Este análisis es lo que te permitirá tomar conciencia de cómo se encuentran tus decisiones frente a tus ejes. La emoción puede ser buena, pero también puede distorsionar nuestra percepción del equilibrio. Así que toma este ejercicio como una oportunidad para revisar cómo se encuentran tus decisiones respecto a tus ejes. Te propongo dos preguntas como punto de partida:

1. ¿En qué medida tus decisiones te han llevado a equilibrar tus ejes vitales?
2. ¿Qué emociones te acompañan en el proceso?

Este ejercicio puede servirte para abordar aspectos importantes que podrían estar generando desequilibrio. Recuerda que, desde el SER en equilibrio, tu autoconciencia es la clave para conocer cómo impactan tus decisiones en tu vida.

Aquí puedes observar cómo una simple decisión, al no considerar su impacto en los ejes vitales, puede convertirse en un desastre personal, afectando las relaciones y también la vida en los negocios, dado que Marlon se expuso a perder su trabajo.

SER en equilibrio y la ecología de la decisión

¿Dónde están enfocadas las energías de Marlon en esta decisión? Están enfocadas en su eje vital personal, tal como explicamos anteriormente. Es importante mencionar que esto no implica que sea bueno o malo; en esta etapa, solo estamos analizando qué eje está en juego en su decisión. Luego, evaluaremos si, al pasar a la acción, existe equilibrio y armonía con los ejes de su ser.

¿Existe equilibrio y armonía entre los ejes de Marlon en esta decisión? Si retomamos el ejemplo, definitivamente no existe equilibrio ni armonía. No es que el enfoque en su eje vital personal sea el problema; más bien, su decisión ha causado un desequilibrio en su eje de relaciones familiares. Sus relaciones se han deteriorado, lo que ha generado discusiones y dificultades económicas que antes no existían. Aquí es donde se rompe el equilibrio; la armonía se ve afectada y las energías emocionales de Marlon pierden su balance. Esto también impacta su desempeño laboral, ya que su mente está centrada en los problemas de su hogar y en cómo resolver la situación de estrés económico que enfrenta. En conclusión, tampoco está en equilibrio con su eje vital profesional, lo que podría costarle incluso su trabajo y afectar más gravemente su vida familiar al no poder cubrir necesidades básicas como la renta y el colegio de su hijo.

Al hablar del SER en equilibrio y de la armonía con sus ejes, vemos que la decisión de Marlon afecta otros espacios vitales, como su familia y su trabajo, causando un desequilibrio en su SER y sus ejes, lo que le provoca un estrés innecesario.

Sé que, al leer este ejemplo, podrías pensar que era obvio que eso sucedería y que es ilógico tomar una decisión así. Sin embargo, esto ocurre con frecuencia en distintos niveles y tipos de decisiones. Por ejemplo, una compra de un teléfono celular por $1,600 mientras pagas una renta de $200 al mes, lo que equivale a ocho meses de renta o al 20% del depósito inicial para comprar una casa. Otro ejemplo son las visitas a restaurantes tres veces por semana, donde gastas hasta $80 en cada salida, mientras estás atrasado en el pago de la mensualidad del colegio de tu hijo, que es de $95, y al que ya le notificaron que tenía diez días para pagar o no le permitirían ingresar más. Esto puede parecer increíble, pero sucede con mucha frecuencia. Ahí es donde elevar el grado de conciencia sobre tus decisiones se convierte en un ejercicio poderoso.

Reconocer el equilibrio de los ejes vitales es crucial para lograr que tus decisiones y acciones mantengan el balance deseado por todos. Este es un proceso continuo que, cuando se incorpora en tu vida, te permite tomar decisiones más acertadas. Al revisar la ecología de nuestras emociones, se busca la armonía de nuestro SER. Esta propuesta te brinda la oportunidad de elevar tu nivel de conciencia en tu camino hacia el cumplimiento de tus metas. Con frecuencia, se observa que personas que logran éxitos no están en equilibrio con sus ejes, lo que les hace pagar un alto costo de oportunidad al sacrificar elementos de su vida que, al final, son mucho más valiosos.

En uno de mis trabajos, debía viajar con frecuencia dentro y fuera del país debido a un programa de formación que el banco realizaba en Alemania. Aunque el crecimiento profesional, el conocimiento y la experiencia estaban presentes, estuve ausente en un evento importante que me afectó profundamente: la promoción de secundaria de mi hijo, quien recibió reconocimientos como el mejor alumno del colegio y del municipio. A pesar de mis esfuerzos, no pude regresar para estar presente, ya que estaba en Alemania. Grabé videos, le dejé muchas sorpresas y lo llamé mil veces, pero no estuve allí. Esta y otras situaciones me llevaron a buscar una forma de estar más cerca de mi familia y a buscar el equilibrio de mis espacios vitales. Esta fue una de las razones que me impulsaron a emprender y, posteriormente, a convencer a mi hijo de unirse al proyecto. Hoy, trabajamos juntos, emprendemos juntos y crecemos juntos. Ahora puedo decirle a mi hijo: "Vamos a tomarnos un café", compartir mis proyectos con él y estar cerca. Esta situación también me llevó a reflexionar y a no aceptar una oferta que me obligaba a mudarme a México, lo que implicaba en ese tiempo el costo de sacrificar el tiempo con mi familia. Así, tomé la decisión de rechazar esa oferta.

Podrías pensar que desperdicié una oportunidad, pero con esto no quiero decir que debemos renunciar a este tipo de oportunidades. Simplemente debemos evaluar el costo de oportunidad y hacer lo que nos permita estar en paz con nuestro ser, en equilibrio con nosotros mismos.

En 2016, tuve otra oportunidad similar tras participar en un proyecto de consultoría en Nigeria durante diez meses. Estuve con mi familia durante seis meses y luego recibí la oferta de quedarme trabajando como empleado directo, con una buena compensación económica. Aunque era una oferta tentadora, decidí no exponer a mi hija, que estaba pequeña y comenzaría a estudiar. Nuevamente, no fue difícil para mí decidir que lo mejor era rechazar la oferta. Hoy puedo contarte que fue una buena decisión; continuamos en el proceso de afianzamiento de la empresa, abrimos otro proyecto que tomó forma, seguí fortaleciéndome como *coach* y haciendo lo que me gusta, siempre con mi familia a mi lado. Ese año, además, visité Perú en un proyecto que duró más de dos años. Por lo tanto, cuando tienes claro lo que deseas en tu vida y revisas tus ejes vitales, es más fácil tomar decisiones y mitigar el impacto negativo potencial en tu ecología emocional. Esto no significa que todo saldrá perfecto, pero ser consciente de la integralidad de tus decisiones con tu SER mejora el proceso mismo de toma de decisiones.

Herramienta para hackear el balance en la vida: la selfi de tus ejes vitales

Te presento una herramienta que he denominado la selfi de tus ejes, utilizando los tres elementos que la componen. Al revisar los puntos de cada elemento, puedes llevar a cabo un proceso de introspección que te permitirá reflexionar sobre el equilibrio y la armonía de tu SER en este momento. Esta herramienta te servirá de insumo para que tú decidas, al analizar tu selfi, qué debes mejorar, cambiar, eliminar, incorporar y aprender para encontrar el equilibrio que tú mismo defines. Recuerda que es una herramienta para reflexionar sobre cuál es tu grado de satisfacción con tu selfi.

Pregúntate:

- ¿Esto te genera satisfacción?
- ¿Estás en armonía con tu SER?
- ¿De qué te das cuenta?
- ¿Cómo sería tu selfi ideal?

Veamos entonces la herramienta: selfi de tus espacios vitales.

¿Cuál es tu grado de satisfacción en cada variable de tus ejes vitales?

PERSONAL	SATISFACCIÓN	RELACIONES	SATISFACCIÓN	NEGOCIOS	SATISFACCIÓN
Confianza en ti mismo		Familia		Alineado con tu propósito	
Gestión emocional		Amor		Alineado con tus valores	
Salud		Amistades		Pasión	
Motivación		Networking		Disfrute	
Descanso, ocio		Colaboración y Cooperación		Crecimiento	
Salud financiera		Comprensión de los demás		Balance	
Crecimiento		Comunicación		Contribución	

Revisa cada uno de los elementos que forman tus ejes y anota tu grado de satisfacción personal para cada uno, según la escala propuesta:

- Muy satisfecho
- Satisfecho
- Medianamente satisfecho
- Insatisfecho

Dado que son tus ejes vitales, responder con honestidad te permitirá obtener una selfi de alta resolución de tu situación actual. Lee cada variable y, desde lo que tenga sentido para ti, responde tu grado de satisfacción.

Identifica tus componentes palanca

Ahora que has realizado el proceso de reflexión para cada componente de tus ejes, te invito a identificar los componentes palanca de cada eje. Un componente palanca es aquel que sientes que, si logras el mayor grado de satisfacción, impactará positivamente en el resto. Para identificar el componente palanca de cada uno de tus espacios vitales, procede a contestar las siguientes preguntas:

a. Eje vital personal:

- ¿De qué te diste cuenta?
- ¿Cuál de los componentes te genera el mayor grado de satisfacción?
- ¿Cuál de los componentes te genera el mayor grado de insatisfacción?
- ¿Cuál es el componente palanca que, si lo potencias al máximo, impactaría positivamente en el resto de los componentes?

b. Eje vital relaciones

- ¿De qué te diste cuenta?
- ¿Cuál de los componentes te genera el mayor grado de satisfacción?
- ¿Cuál de los componentes te genera el mayor grado de insatisfacción?

- ¿Cuál es el componente palanca que, si lo potencias al máximo, impactaría positivamente en el resto de los componentes?

c. Eje vital negocios/profesional

- ¿De qué te diste cuenta?
- ¿Cuál de los componentes te genera el mayor grado de satisfacción?
- ¿Cuál de los componentes te genera el mayor grado de insatisfacción?
- ¿Cuál es el componente palanca que, si lo potencias al máximo, impactaría positivamente en el resto de los componentes?

Reflexionando sobre tus puntos de palanca

Ahora que has identificado tus 3 puntos de palanca, es importante escribirlos juntos y analizar tu selfi nuevamente. Reflexiona sobre las siguientes preguntas:

- ¿De qué te das cuenta? Esta reflexión te ayudará a obtener claridad sobre tus prioridades y el estado actual de tus ejes vitales.
- ¿Qué relación hay entre estos tres elementos? Comprender la interconexión entre tus ejes vitales es clave para lograr un equilibrio duradero.
- ¿Qué relación tienen con tus metas? Evaluar cómo cada eje contribuye a tus objetivos te permitirá alinear tus acciones con tus aspiraciones.
- ¿Qué cosas debes considerar para el balance en tu vida? Piensa en cómo puedes integrar mejor tus

ejes vitales para crear una vida más armónica y satisfactoria.

- ¿Qué crees que deberías hacer para cerrar las brechas de cada uno de tus puntos de palanca? Desarrollar un plan de acción te ayudará a abordar las áreas que necesitan atención y mejora.

Define acciones que te permitan SUMAR

En tu plan de acción aplica acciones que te sumen y faciliten la mejora continua. Aplica el método que he denominado SUMAR, utilizando los siguientes criterios:

- **Siempre en positivo**: asegúrate de que tus acciones estén expresadas de manera positiva y motivadora.
- **Un paso a la vez**: enfócate en acciones específicas que contribuyan al progreso continuo.
- **Medible en el tiempo y en progreso**: define claramente cuándo iniciarás, por cuánto tiempo y con qué frecuencia evaluarás tu progreso.
- **Acción mínima concreta**: comienza con acciones pequeñas que puedas implementar de inmediato para generar un impacto positivo.
- **Revisar y dar seguimiento**: mantén un registro de lo que funciona y lo que necesita ajustes, adaptando tu enfoque según sea necesario.

Hasta este punto, has creado una fotografía de tu situación actual y reflexionado sobre tus áreas palanca. Has definido acciones concretas para maximizar tus puntos de palanca y encontrar la armonía de tus ejes vitales. Tienes un diagnóstico y una idea clara de lo que deseas mejorar.

Recuerda que tu viaje hacia el crecimiento se alimenta de la introspección y la reflexión constante. Anota tus pensamientos en tu bitácora de transformación (BTP) para seguir avanzando en tu desarrollo personal.

- ¿De qué te diste cuenta en este capítulo?
- ¿Qué emoción e intención se generaron en ti?
- ¿Qué harás con eso que se generó en ti?
- ¿Cuál es la acción mínima concreta que vas a tomar en este momento?
- ¿Qué debe cambiar en ti para que eso suceda?

VIII
PILARES DEL CRECIMIENTO PERSONAL

En los capítulos anteriores, hemos reflexionado sobre nuestro Ser, Hacer y Tener, así como sobre nuestra ecología emocional, el cambio y la mejora continua. Estos elementos son fundamentales para entender la esencia de nuestro ser en el viaje hacia la mejora continua. Ahora, vamos a revisar lo que he definido como los pilares del crecimiento personal: la base sobre la que descansan todas nuestras acciones para lograr nuestros sueños y lo que nos define como personas en la vida. Hablamos de nuestros patrones de pensamiento, hábitos, lenguaje y enfoque.

Los pilares del crecimiento personal son integrales, ya que cruzan nuestra vida personal, familiar y de negocios. Nuestros pensamientos se convierten en sentimientos y nuestros sentimientos en acciones, que a su vez se transforman en hábitos. Nuestro lenguaje se convierte en la gasolina que alimenta positiva o negativamente nuestros pensamientos, y el enfoque de nuestra energía y recursos determina la dirección hacia donde nos movemos en la vida.

Estos principios tienen como base la programación neurolingüística (PNL), desarrollada por Richard Bandler y John Grinder, dos genios que crearon esta poderosa tecnología de condicionamiento humano. La PNL te permite comprender cómo funciona nuestra mente, cómo esto afecta nuestro lenguaje, acciones y hábitos, y cómo utilizar este conocimiento para programarnos a nosotros mismos y ser más eficientes en lo que queremos lograr en cualquier ámbito de nuestra vida. Podemos definir la PNL de la siguiente manera:

- **Programación**: se refiere a las pautas de conducta que repetimos y cómo actuamos; es decir, nuestros patrones de comportamiento.
- **Neuro**: hace referencia al sistema nervioso, que es por donde la experiencia es recibida y procesada a través de nuestros sentidos.
- **Lingüística**: se refiere al lenguaje, tanto verbal como no verbal, y cómo codificamos y expresamos simbólicamente nuestras experiencias, dándoles significado.

El CMP te propone un esquema sencillo utilizando la PNL para entender estos cuatro pilares del crecimiento y cómo cada uno de ellos influye de manera positiva o negativa en nuestras vidas. Además, busca que podamos utilizarlos conscientemente para modelar nuestro camino hacia el logro de nuestras metas de forma integral.

No se trata solo de entender cómo estos pilares pueden cambiar nuestras vidas, sino de llevar este conocimiento a la aplicación práctica. Aquí es donde ocurre el "hackeo mental", creando conexiones mentales, neuroasociativas y hábitos cuando tomamos acción. Uno de los mayores retos es aplicar este conocimiento y experiencia en la práctica. Por eso, el CMP te invita a pasar a la acción mediante la creación de hábitos permanentes y el principio de mejora continua, lo que te permitirá condicionar la aplicación práctica y ser más eficiente en el logro de tus metas.

La creación de hábitos y la mejora continua te ayudarán a establecer una respuesta automática de progreso en todo lo que te propongas. Para ayudarte en este proceso, te propongo un esquema práctico para escanear el estado de tus pilares de crecimiento. Como mencioné al inicio, aplicaremos la PNL y el *coaching* en los pilares de crecimiento. Lo más importante es que te des cuenta de cómo estás condicionando tu vida y programando tus acciones, y cómo esto influye directamente en tu situación actual, identificando qué debes mejorar, ajustar, modelar, eliminar, cambiar, aprender y desaprender para lograr tus objetivos.

Es crucial entender cómo el fortalecimiento de los pilares de crecimiento te proporcionará bases sólidas para alcanzar lo que te propongas, y cómo hacer de este conocimiento una parte práctica de tu día a día, tomando acción para lograr tus metas en armonía con tu propósito en la vida. Pasemos entonces a examinar cada uno de los pilares y su aplicación práctica.

Un elemento clave de la PNL es el modelamiento. Esta tecnología fue desarrollada cuando Bandler y Grinder estudiaron y modelaron los patrones de comportamiento de personas que habían tenido éxito en sus campos. Al modelar estos comportamientos, pudieron comprobar que funcionaban, lo que demuestra la efectividad de esta herramienta de desarrollo personal al alcance de todos nosotros. El éxito de la PNL radica en que nos permite aprender a usar nuestra mente y comprender cómo nuestros patrones de comportamiento influyen, positiva o negativamente, en nuestro estado, hábitos y acciones. También nos enseña cómo podemos adoptar los patrones de comportamiento de personas que han tenido éxito en áreas donde nosotros deseamos tener éxito.

Aunque parece obvio aprender y entender las experiencias exitosas de otros, Bandler y Grinder nos brindaron la estructura para hacerlo. Nos enseñaron a comprender, estudiar y aplicar patrones de comportamiento exitosos. Lo más importante es que al modelar a otros, puedes tomar lo que te sirve sin perder tu identidad, logrando que tus patrones de comportamiento te lleven a alcanzar tus metas. En este contexto, el CMP plantea los pilares del crecimiento personal.

Los pilares del crecimiento personal en el CMP son:

- Pensamientos
- Lenguaje
- Hábitos
- Enfoque

Ahora, pasemos a escanear cómo están tus pilares de crecimiento. Te propongo un método sencillo pero poderoso para tomar conciencia de tu situación actual:

1. Busca un lugar tranquilo donde puedas invertir unos minutos para ti. Prepara papel y lápiz.
2. Cuando estés en el lugar y tengas papel y lápiz a mano, piensa en una meta importante que abandonaste o que ni siquiera iniciaste. También puede ser una meta en proceso que no avanza. Cuando tengas la meta en mente, escríbela.
3. Ahora que tienes esa meta escrita, te invito a contestar las siguientes preguntas del cuadrante de crecimiento personal.
4. Es fundamental que respondas a cada pregunta desde la realidad actual, no desde lo que desearías que ocurriera.

PENSAMIENTOS

¿Qué pensamientos vienen a tu mente con respecto a esta meta?

Escribe todo lo que venga a tu mente.

LENGUAJE

¿Qué palabras o frases usas para referirte a esta meta?

Escribe todo lo dices.

HÁBITOS

¿Cuáles conductas o patrones de conducta se activa con respecto a esta meta?

Escribe todos los comportamientos.

ENFOQUE

¿Cuánto tiempo dedicas para alcanzar esta meta?

Escribe el tiempo que le dedicas en un día, semana o un mes.

Después de responder a cada una de las preguntas, regresa a cada respuesta y reflexiona sobre lo siguiente:

- ¿A dónde te lleva lo que está pasando?
- ¿Qué te hace sentir eso que está pasando?
- ¿De qué te das cuenta?
- ¿Qué quieres hacer?

Este ejercicio te permitirá entender cómo estás operando mentalmente con respecto a esa meta específica. Además, te ayudará a identificar qué narrativas estás creando, qué creencias limitantes actúan como bloqueadores y cómo esto se refleja en tus patrones de conducta de manera inconsciente.

Pilar de crecimiento: pensamientos

Nuestros pensamientos son el alimento de nuestra mentalidad. Pensar a propósito, con intencionalidad, es un hackeo poderoso que proporciona el mejor alimento para nuestra mente. Nuestros pensamientos son el resultado de nuestra actividad cerebral; impactan y condicionan poderosamente nuestra vida, generan nuestros sentimientos y estados, que se convierten en acciones pasivas o activas, traduciéndose en impactos positivos o negativos en todas las actividades que realizamos.

Somos lo que pensamos, dado que nuestros pensamientos alimentan nuestra mente. Este alimento es procesado y convertido en sentimientos. A su vez, estos sentimientos generan nuestros estados y definen nuestras reacciones, así como nuestro comportamiento y cómo actuamos. Puede pasar entonces que invertimos nuestro tiempo y energía en reacciones negativas, quejas y victimización de nuestra existencia, o nos enfocamos en crear las oportunidades, en luchar cada día con nuestras fuerzas por cumplir nuestras metas y hacer realidad nuestros sueños.

Pensar en ser un consultor internacional o en tener una escuela de *coaching* fueron ideas que ocuparon mi mente desde que decidí vivir la vida con intencionalidad. Al tomar el control de mi vida y hackear mis pensamientos, pude darles intencionalidad y pasar a la acción. Este enfoque me ha sido útil, especialmente en momentos en que el autosabotaje aparece. Una mentalidad imparable se construye con la intencionalidad de lo que pensamos y de lo que nos decimos mentalmente, lo que determina hacia dónde nos lleva y como actuamos para hacer que pasen las cosas.

Te invito a realizar un ejercicio sencillo: analiza cuáles son los pensamientos que te han ocupado en la última semana, o en el día de ayer, o incluso hace una hora. Observa en qué estás invirtiendo tus pensamientos la mayor parte del tiempo y verás cómo estos impactan tu estado de ánimo, tus decisiones, tus reacciones y, sobre todo, tus acciones. Dedica unos minutos a este ejercicio; es impresionante el poder que tienen nuestros pensamientos sobre nuestro comportamiento, nuestra fisiología, nuestro estado interno. Escribe tus reflexiones y analiza el resultado. ¿De qué te das cuenta? ¿Cuál es el mapa mental que estás creando? ¿Cuáles son las creencias presentes ahí? En cualquier caso, nosotros les damos fuerza a estas creencias con nuestros pensamientos, ya sea para limitar o potenciar nuestra vida.

Esto es algo tan poderoso como sencillo de entender. Por ejemplo, cuando enfrentas un problema, tienes dos opciones: invertir tiempo en preocuparte por el problema, en sus consecuencias, en lo que puede afectarte, preguntándote por qué te sucede esto a ti, o compartir con tus familiares y amigos tus desgracias, sintiéndote como una víctima de la injusticia del mundo. Este enfoque provoca que sobredimensiones el problema; la preocupación y la ansiedad se amplifican, alimentando las creencias alrededor del mismo. Estas creencias pueden bloquearte, paralizarte y dificultar el hallazgo de soluciones que, muchas veces, son obvias. Esto afecta incluso tu fisiología: puedes verte con la cabeza baja y los hombros caídos, lo que impacta negativamente tu estado general.

Hackear nuestros pensamientos radica en la intencionalidad. Ahí está el verdadero poder de hackear la mente. La situación cambia si utilizas preguntas para ver otra perspectiva. Tu estado y tus creencias cambian si tus pensamientos tienen la intencionalidad de buscar soluciones. Por ejemplo, ante un problema, en lugar de rendirte, te dices: "Voy a solucionarlo, voy a encontrar una solución. ¿Cómo podría solucionarlo?". Hacerte preguntas de forma proactiva transforma tu estado mental; tu cerebro se enfoca en buscar soluciones, no en el problema. Esto incrementa tu certeza, fortaleza y capacidad de análisis. Tu actitud para enfrentar el problema se convierte en una acción potenciadora que enfoca sus energías en la solución, cambiando totalmente la perspectiva y mejorando tu estado de ánimo. Físicamente, te mueves, levantas la cabeza, adoptas una postura erguida y te preparas para la acción. Lo único que cambió fue la dirección de lo que piensas sobre el problema.

El cerebro procesa los estímulos que nos llegan de medios externos a través de nuestros sentidos, así como de medios internos como nuestras experiencias, ideas, valores y creencias. Esta interacción genera que cada uno de nosotros desarrolle una percepción particular ante cada situación que se presenta en nuestra vida. Esto se explica con la expresión de que "el mapa no es el territorio", dado que cada persona interpreta el mundo a partir de sus creencias y experiencias. Esto genera nuestros mapas mentales, que representan nuestra realidad y se construyen, en parte, de manera inconsciente, a través de nuestra interacción con el mundo en el que crecemos y, en parte, de manera consciente, cuando decidimos aceptar nuestras experiencias como representación de lo que vivimos.

Richard Bandler, mi maestro de programación neurolingüística, afirma: "Para mí, la libertad significa la capacidad de usar la mente consciente para guiar la actividad inconsciente". En su libro *Thinking on Purpose* (*Pensar con propósito*), plantea que el verdadero poder de nuestros pensamientos está relacionado con el propósito del pensamiento. Muchas veces, lo que hacemos es recordar y repetir un patrón que no es útil para lo que queremos. Pensar de manera diferente y direccionar el pensamiento con propósito abre nuestra mente a crear, avanzar y aprender.

El inconsciente es enormemente poderoso, pero necesita ser guiado. Nosotros tenemos el control para hackearlo. ¿Con qué pensamientos alimentamos nuestra mente? Al ser conscientes de que nuestros pensamientos tienen el poder de guiar nuestra actividad inconsciente, podemos elegir usar nuestros pensamientos a nuestro favor y guiar nuestras acciones de manera que logremos lo que nos proponemos. Estos pensamientos influyen en nuestro sentir y en nuestro actuar; cada día podemos sumar más confianza, encontrar más probabilidad y ver los retos y problemas como oportunidades para crecer. También podemos examinar cómo estamos invirtiendo nuestro tiempo y energía en nuestra forma de pensar, y entender la relación entre nuestros sentimientos, acciones y metas.

Debemos ser conscientes de que también podemos alimentar nuestro cerebro con pensamientos que guían nuestra actividad inconsciente hacia el miedo, la inercia y el conformismo. Puedes usar negativamente cada reto para victimizarte y convencerte de que las cosas nos saldrán mal. Cuando inviertes tiempo y energía pensando que no tienes posibilidades de tener éxito, que no estás destinado a triunfar, alimentas día a día negativamente tus creencias limitantes.

Te invito a realizar un ejercicio sencillo de reflexión que incluso puedes hacer ahora mismo para evaluar cómo tus pensamientos influyen en tu representación del mundo y darte cuenta de si te están potenciando o limitando. A continuación, te invito a realizar el siguiente ejercicio:

1. Piensa en una meta importante que te has planteado, pero que no has podido cumplir. Una meta que realmente sea significativa para ti, pero que por alguna razón no has logrado.
2. Toma papel y lápiz para anotar tus respuestas.
3. Tómate el tiempo que necesites y responde para ti las siguientes preguntas.

Te sugiero que escribas tus respuestas:

a. ¿Qué pensamientos vinieron a tu mente cuando pensaste en esa meta?
Escribe lo primero que te llegue a la mente, sin analizarlo.
b. ¿Qué te ha detenido en lograr esa meta? Escribe todos los factores o elementos que consideras que pueden estar afectando el cumplimiento de tus metas.
c. ¿Es realmente importante esa meta para ti?
d. ¿Qué te detiene en cumplir esa meta? Responde con sinceridad por qué no has logrado cumplir tus metas si realmente son importantes para ti.

4. Invierte el tiempo que necesites para leer tus respuestas y responde:
¿De qué te das cuenta?

Con tus respuestas, te darás cuenta de cuáles son las creencias y filtros que tienes predispuestos sobre la percepción que has creado y alimentas con respecto a esa meta. Estas creencias se crean y alimentan a partir de los pensamientos que has desarrollado sobre esa meta y que ahora se disparan de manera automática. Es como si nutrieras tu cerebro con un mandato de lo que esperas que pase, convirtiéndose en la forma en que debes representar el mundo.

Veamos esta situación a través de dos ejemplos clásicos:

Ejemplo #1:

María es una joven profesional que ha tenido como meta cambiar de trabajo, ya que no se siente motivada por su bajo salario y siente que tiene una gran carga laboral como cajera en un importante banco. Su jefe no tiene idea de cómo liderar; es un capataz en su forma de tratar a las personas. María lleva cinco años en esta situación.

Ahora apliquemos el ejercicio anterior al caso de María, y las preguntas son para ella:

1. **María, piensa en una meta importante que te has planteado,** pero que no has podido cumplir, una meta que de verdad sea importante para ti.

   Meta de María: "Cambiar de trabajo, de forma urgente", responde María.

   Situación actual de María: María no lo ha logrado a pesar de que es algo que se planteó hacer hace dos años.

2. **¿Qué pensamientos vinieron a tu mente cuando pensaste en esa meta?**

   María, por favor, escribe lo primero que llegó a tu mente sin pensarlo o analizarlo. Solo escribe lo primero que cruzó por tu mente. Las primeras palabras que llegaron a la mente de María fueron:

   María: "Cansancio, enojo, frustración, miedo, desmotivación, urgencia".

3. **María, ¿qué te ha detenido para lograr esa meta?**

   María, por favor, escribe todos los factores o elementos que consideras que pueden estar afectando el cumplimiento de tus metas.

María ha escrito lo siguiente:

- Realmente es difícil encontrar trabajo.
- No he tenido tiempo de enviar mi hoja de vida a otros lugares.

- Perdí una buena oportunidad el año pasado, ya que me pidieron el título y no he tenido tiempo de hacer las gestiones en la universidad.
- La calle está difícil.
- Estoy esperando que me llame mi prima, que trabaja en una transnacional.

4. **¿María, es realmente importante esa meta para ti?**

   María: Sí.

5. **Entonces, ¿qué te detiene para cumplirla?**

   María: El problema principal que tengo es que no tengo tiempo y la calle está difícil.

6. María, te invito a que inviertas el tiempo necesario para leer tus respuestas y preguntarte: **¿De qué te das cuenta?**

   María responde: "Se me ha hecho difícil porque realmente no tengo tiempo".

El ejemplo de María muestra cómo ella se limita y le da poder a las creencias que se repite mentalmente; la realidad que ella se crea con sus pensamientos alrededor de lo que quiere lograr es el verdadero asunto.

Veamos tres ejemplos del pensamiento limitante:

- Pensamiento limitante de María: No he tenido tiempo.
- Pensamiento potenciador: Voy a organizar mi tiempo para enviar mi hoja de vida al menos a 3 empresas por semana, comenzando el día de mañana.

- Pensamiento limitante de María: La calle es difícil.
- Pensamiento potenciador: Siempre hay oportunidades; las voy a encontrar.

- Pensamiento limitante de María: Estoy esperando.
- Pensamiento potenciador: Voy a actuar, dar seguimiento a mis contactos todos los sábados para ver qué oportunidades encuentro.

Ahora te invito a que inviertas el tiempo que necesites para analizar el ejemplo de María y preguntarte:

- ¿De qué te das cuenta con este ejemplo?
- ¿Cuántas personas en la situación de este ejemplo conoces?
- ¿Te identificas de alguna forma con María, con el pensamiento limitante de María?

Imagínate diciéndole todos los días a tu cerebro que no puedes. ¿Cuántas veces al día piensas eso? Si asumimos que dices esto 3 veces al día durante 365 días en un año, lo repites 1,095 veces. Esto genera un impacto negativo en ti, bloqueándote y alimentando la excusa de "Yo así soy". En vez de quedarte atrapado en este ciclo, considera cómo podrías cambiar esos pensamientos limitantes por pensamientos potenciadores. El poder de tus pensamientos influye en cómo te sientes y cómo actúas. Tú eres la única persona capaz de controlar tus pensamientos.

Pilar de crecimiento: lenguaje

Las palabras tienen poder. Definitivamente, esta frase describe de forma muy acertada la influencia que ejerce nuestro lenguaje. Las palabras pueden construir, edificar o destruir y mantenernos estancados. Entender el poder de las palabras, el poder de tu lenguaje, lo que te dices a ti mismo y cómo esto afecta positiva o negativamente tu vida, te permitirá contar con una herramienta para dirigir tus energías hacia lo que deseas lograr. Por supuesto, existe una conexión directa entre lo que piensas y lo que hablas. Nuestros pensamientos se reflejan en nuestros sentimientos, acciones y, sobre todo, en nuestro lenguaje. Este último muestra realmente lo que pensamos, consciente e inconscientemente. El impacto de lo que nos decimos cada minuto, cada hora, cada día, influye poderosamente en nuestra mentalidad. Muchas veces nos programamos de forma inconsciente, y otras de forma consciente, con el lenguaje que usamos, las palabras, las frases que usamos.

El lenguaje es un reflejo de nuestra programación mental y de nuestro sistema nervioso. Una frase utilizada para expresar los principios de la programación neurolingüística es: "El mapa no es el territorio". Cada uno de nosotros tiene un mapa interno que representa la vida como resultado de nuestras experiencias e interacciones con el mundo. Nuestro mapa lingüístico refleja cómo vemos el mundo y cómo interpretamos lo que nos sucede; refleja nuestras creencias. Ser conscientes de cómo nuestro lenguaje fortalece nuestra programación mental es crucial, ya que podemos promover una programación mental positiva y evitar el autosabotaje. Es aquí donde el pilar de crecimiento del lenguaje juega un papel importante al influir y dirigir positivamente tus energías en tu crecimiento.

La comunicación verbal es un elemento vital de nuestra vida cotidiana. Nos comunicamos constantemente, sin importar el contexto, la situación o el rol que desempeñemos. En el uso del lenguaje, existe la comunicación verbal que tenemos con nosotros mismos: frases, expresiones y palabras que nos decimos en diferentes contextos. Por otro lado, también está la comunicación con las personas que nos rodean: familiares, amigos, compañeros de trabajo, conocidos y cualquier persona con la que interactuamos por diferentes razones. Además, debemos mencionar la información que recibimos de otros medios, donde actuamos como receptores de los mensajes que estos nos envían, ya sea a través de la prensa, música, noticias, películas y, por supuesto, todas las redes sociales que transmiten mensajes de todo tipo a través de videos. Como puedes darte cuenta, estamos expuestos a una inmensa y diversa gama de información, que influye en nosotros y algunas veces ni siquiera nos damos cuenta.

Al no estar conscientes de este tema, hemos aceptado como normal muchas de las cosas que escuchamos, las cuales ya forman parte de nuestro mapa, a pesar de que muchas pueden impactar negativamente nuestras vidas. Por ejemplo, cuando nos equivocamos y nos decimos: "¿Cómo no me fijé? Soy un animal", "Qué tonto que soy", "Esto no es para mí" o "No puedo con esto". Si nos fijamos, estas frases tienen una connotación negativa y, por ende, nos afectan, nos programan, nos condicionan y nos bloquean.

La conexión de mi fe con este pilar la reflejo con el versículo bíblico "Todo lo puedo en Cristo que me fortalece" (Filipenses 4:13), usando la frase con el factor 4:13: "hasta el infinito y más allá". Esto me genera un estado de certeza y seguridad para seguir avanzando a pesar de las circunstancias. Otra frase que uso para saludar es "gente poderosa y proactiva". Mi presuposición aquí es que todos tenemos el poder de movernos en dirección a lo que tiene sentido para nosotros y que lo que necesitamos ya está dentro de nosotros. Lo que decimos intencionalmente también genera un hackeo mental; la repetición intencionada es poderosa para programarnos con una mentalidad imparable. En momentos de situaciones complejas, hago uso del factor 4:13: lo pienso, lo declaro e imagino la película completa donde todo toma su curso. Esto también pasará.

Las frases y dichos populares también juegan su rol en nuestra programación mental. Es importante prestar atención a los que usamos y recibimos de nuestro entorno. Veamos algunos ejemplos que, evidentemente, cambian de país a país:

- "Si ya se fue el balde, que se vaya el mecate". Este dicho se utiliza normalmente cuando te equivocas en algo y te condiciona a que, para seguir avanzando en lo que estás haciendo, debes aceptar todas las consecuencias.
- "De tal palo, tal astilla". Este dicho se usa generalmente para decirle a un niño que es igual a uno de sus padres. Puede generar una influencia positiva o negativa, dependiendo de con qué lo asocien.
- "Más vale malo conocido que bueno por conocer". Este dicho nos hace pensar que es mejor estar en una mala situación que ya conocemos; es decir, aguantar en lugar de salir y buscar nuevos horizontes.

Obviamente, hay muchos dichos que tienen un mensaje positivo y que también permiten abrir la mente. El tema es hacernos conscientes de qué dichos estamos utilizando y cómo están programando nuestras vidas y las de nuestros hijos. Aquí algunos ejemplos:

- "Gota a gota se llena la copa". Este dicho nos envía un mensaje de avanzar gradualmente hasta lograrlo.
- "El que no llora, no mama". Este dicho nos invita a tomar acción, a expresar lo que queremos y a movernos si deseamos que las cosas sucedan.
- "No dejes para mañana lo que puedes hacer hoy". Este dicho nos anima a ejecutar las tareas que planeamos y que podemos realizar, evitando caer en el círculo de la procrastinación.

Es vital usar lenguaje potenciador, que nos sume, ser conscientes de las palabras y frases que usamos en nuestro diálogo, de lo que decimos día a día y de lo que expresamos a quienes nos rodean, especialmente a nuestros hijos.

Aquí hay un ejercicio sencillo. Te invito a contestar qué palabras y frases estás usando en las siguientes situaciones, y luego revisa si estas palabras y frases te suman, potencian, energizan o te limitan y bloquean. Aquí vamos:

- ¿Qué te dices al despertar?
- ¿Qué te dices cuando vas rumbo a tu trabajo o negocio?
- ¿Qué te dices al salir de tu trabajo o negocio?
- ¿Qué palabras o frases usas con respecto a esas metas que anhelas y que no despegan, que abandonas por alguna razón?
- ¿Qué te dices en momentos complejos?
- ¿Qué te dices cuando las cosas no salen como esperabas?
- ¿Cuáles son las frases o dichos populares que más usas?

Revisa cada palabra y cada frase que utilizas para cada momento y reflexiona para ti qué vas a hacer a partir de ahora con la intencionalidad para usar lenguaje potenciador.

Pilar de crecimiento: hábitos

"Somos lo que hacemos día a día; de modo que la excelencia no es un acto, sino un hábito". Aristóteles.

Con esta excelente definición de Aristóteles, introducimos el pilar de crecimiento: hábitos. Nuestros hábitos definen quiénes somos. Los hábitos son el resultado de acciones que repetimos de forma consciente o inconsciente, y pueden ayudarnos a construir o destruir nuestra vida.

Entender nuestros patrones de conducta nos permite ajustarlos hacia lo que queremos lograr en nuestro propósito de vida. Lo relevante aquí es entender que todas las acciones que realizamos repetidamente se convierten en hábitos y funcionan en automático. Ahí radica la clave: hackeamos la motivación porque ya tenemos instaladas conductas que funcionan automáticamente y vencemos el autosabotaje que puede ocurrir en momentos de desmotivación. También es importante recordar que los hábitos pueden trabajar a nuestro favor cuando son intencionados y suman en nuestra vida, o jugar en contra cuando son malos hábitos. Estos se forman por la repetición continua de una acción; esa acción que hacemos repetidamente es guardada por el cerebro como una forma de ahorrar energía. Esto se debe a la capacidad del cerebro para adecuarse y generar o reforzar conexiones neuronales a través de la repetición de conductas.

Uno de los hackeos mentales que más recuerdo sobre el tema de los hábitos fue cuando, en 2016, trabajé durante 10 meses en Nigeria. Subí de peso de forma exagerada: 50 libras. Bajo el pretexto de conocer la cultura culinaria de ese país, olvidé mis hábitos alimenticios, hasta que vi una foto que me dejó en shock y me hizo abrir los ojos. Decidí tomar el control y retomar mis hábitos alimenticios y actividad física; así logré perder el exceso de peso al reintegrar paulatinamente mis buenos hábitos. Después de ser fisiculturista en la universidad, mantenerme haciendo ejercicios regularmente me ayudó a retomar mis hábitos. Este es el concepto detrás de *ImparableMENTE*: ninguna situación ni resultado nos define; siempre podemos decidir retomar el control de nuestras vidas.

Veamos entonces el clásico ejemplo de cepillarnos los dientes. Esta actividad se realiza en una rutina que repites todos los días de forma automática. La acción de cepillarse los dientes ocurre casi sin darte cuenta; es decir, la mecánica, el momento y la forma en que te lavas los dientes. Lo mismo pasa con nuestro ritual al levantarnos. Otro ejemplo clásico es el de las alarmas: muchas personas programan una secuencia de alarmas para levantarse con una diferencia de cinco minutos. Por ejemplo, la alarma suena a las 5:15 a.m., luego a las 5:20 a.m., después a las 5:25 a.m., y así sucesivamente, hasta levantarse a las 5:45 a.m. Este, obviamente, no es un buen hábito; sin embargo, muchas personas se acostumbran a hacerlo y todos los días usan ese ritual para levantarse. Otro ejemplo clásico es aprender a conducir un vehículo. Al iniciar tu aprendizaje, estás pendiente de todo: tus manos, tus pies, el espejo, la palanca de cambio y el vehículo que viene, todo al mismo tiempo. De repente, eso puede congelarte, ponerte nervioso o hacer que te equivoques. A medida que aprendes, experimentas y repites esa actividad, se vuelve automática. Luego, conduces, escuchas música, conversas con otras personas y, al mismo tiempo, manejas. En este caso, no estás pendiente de tu pie o tu mano; sucede en automático.

Hacerte consciente de tus hábitos, es decir, de tus conductas automáticas, es clave para poder aprovecharlos a tu favor. Debes darte cuenta de si estos hábitos te están sumando o restando. Así, puedes cambiar los malos hábitos que te bloquean y limitan, y sustituirlos por aquellos que te potencien, que te sumen.

Con respecto al tiempo para instalar un nuevo hábito, un estudio realizado en la universidad College de Londres por la psicóloga Phillippa Lally encontró que el tiempo medio para crear un hábito fue de 66 días, aunque en los participantes del estudio el rango fue desde los 18 días el mínimo hasta los 254 días el máximo. El tiempo para crear un nuevo hábito dependerá de la repetición, intencionalidad, intención, asociación, rutina y recompensa que se cree para ese fin.

Es importante que puedas escanear tus hábitos y tomar acciones concretas y focalizadas. A continuación, te dejo una forma sencilla de hacerlo:

1. Identifica el hábito a crear: escoge un área de tu vida, por ejemplo, la salud, y piensa en qué metas tienes en esa área.
2. Haz un inventario de tus hábitos: escribe una lista de todos los hábitos que tienes alrededor de tu salud.
3. Revisa tu lista: clasifícalos en hábitos buenos y malos.
4. Analiza los buenos hábitos: revisa cuidadosamente tu lista y considera todos los buenos hábitos que pueden ayudarte con tu meta.
5. Analiza los malos hábitos: revisa cuidadosamente tu lista y considera los malos hábitos que te afectan en cumplir tu meta. Estos son hábitos que deben ser reemplazados por buenos hábitos.
6. Haz un ranking: ordena tus hábitos por importancia e impacto en tu meta. El número uno en el ranking es el hábito palanca en el que nos vamos a enfocar.
7. Define la acción mínima a tomar: piensa en la acción más pequeña que puedes hacer para instalar ese hábito. Recuerda aplicar el principio de mejora continua, mejorando un 1% cada día.
8. Define un horario: establece un horario para facilitar la planificación y ejecución de la acción.
9. Crea un recordatorio y un premio: esto te permitirá crear, mediante la repetición, la asociación mental que persigues para instalar un nuevo hábito. Busca algo que te ayude a recordar, anclar y activar la acción mínima propuesta; puede ser una imagen, un sonido, un objeto, un olor o un sabor. Esta recompensa es 100% personal y puede ser comprarte un libro, ir a un restaurante y comer tu plato favorito, ir a la playa, comprarte una camisa,

etc. Define un tiempo para la recompensa y considera crear recompensas semanales y un premio mayor al finalizar 30, 60 o 90 días.

10. Visualízate tomando acción: la primera recompensa es poder visualizarte avanzando paso a paso hacia el cumplimiento de tu propósito. Experimenta mentalmente el logro de instalar el nuevo hábito, y elige una recompensa proporcional a tu avance que sea positiva para tu vida y tus metas.
11. Toma acción inmediata: si no puedes tomar acción inmediata, significa que no has seleccionado una acción mínima. Lleva esa acción a su mínima expresión, algo tan simple que puedas hacer repetidamente sin mayor esfuerzo.
12. Repite, repite y repite: recuerda aplicar el principio de mejora continua. La repetición, intensidad y tipo de hábito determinan la velocidad con la que se instala. Si repites algo tres veces al día, una vez al día, una vez a la semana, o una vez al mes, esto impactará en el tiempo.

Ahora toca pasar de la reflexión a la acción: repetir, monitorear tu avance y realizar los ajustes necesarios mientras aprendes en el camino. Decide en que área vas a aplicar este ejercicio y repite el proceso. Selecciona de un hábito a la vez.

Pilar de crecimiento: enfoque

Donde esté tu enfoque, allí estará tu energía. Lo que enfocamos potencia nuestras acciones. Aquí hackeamos el uso del tiempo y la procrastinación. Cualquier cosa que hemos logrado en nuestra vida fue porque la pusimos en nuestra mente, nos enfocamos y todas nuestras acciones se dirigieron hacia el logro de esa meta. Piensa por un momento en una meta importante que ya lograste, una que al inicio consideraste difícil e incluso llegaste a pensar que no cumplirías. Una meta en la que enfrentaste dificultades, retos y desafíos, pero que perseguiste sin que nada ni nadie te detuviera. Hoy es algo por lo que te sientes orgulloso, sonríes al recordarlo y, al verlo en retrospectiva, ya no lo consideras tan difícil.

Un aliado que podemos usar para hackear el tiempo y lograr enfoque es el sistema de activación reticular ascendente (SARA). Es una parte del cerebro que actúa como una antena y filtra la información y los estímulos a los que nos exponemos. Funciona generando una alerta que nos permite percibir más fácilmente la información relevante, lo cual es fundamental tanto para nuestra supervivencia como para lograr enfoque y acelerar nuestro camino hacia el éxito.

Vivimos en un mar de información y estímulos a los que estamos expuestos a diario: sonidos, olores, ruidos, imágenes y sabores; a esto se suma la velocidad y cantidad de información que recibimos a través de dispositivos electrónicos, redes sociales e internet. Es aquí donde el SARA juega un papel crucial, ya que, de todos los estímulos, nos permite percibir aquellos que son importantes para nosotros.

Anteriormente trabajamos el propósito, el hackeo palanca del enfoque; este te permite tener un enfoque integral como persona; igualmente trabajamos los valores que te permiten también tener límites de acción que te brindan enfoque en cómo accionas. Tener claridad de tu propósito activa el SARA a tu favor pues tus metas, tus acciones, están alineadas y tienen dirección. Hackear el SARA se da por la intencionalidad que les ponemos a las cosas que queremos lograr.

Recuerdo que cuando mi hijo Mike era pequeño, le encantaban los Power Rangers, una serie de televisión donde cinco jóvenes se transformaban usando dispositivos para luchar contra el mal. Los famosos Power Rangers aparecían por todas partes. Aunque esta serie ya tenía tiempo al aire, no era parte de la información relevante para mí, así que, aunque me exponía a ella, no la percibía. Cuando mi hijo se hizo fanático de la serie, empezó a aparecer por todos lados. Lo mismo me pasó con mi hija Kristiana, a quien le encantaba Minnie Mouse; de repente, veía a Minnie por todos lados. En ambos ejemplos, cuando no eran parte de la información importante para mí, podía caminar por una calle llena de Power Rangers y Minnie, pasar justo por encima de ellos y no los vería. Pero en cuanto se volvió relevante para mí, era como si se encendiera un foco, los Power Rangers y Minnie aparecían por todos lados.

Lo interesante es que esto no se limita a personajes de series infantiles; también sucede con personas, situaciones, productos, eventos, lugares, oportunidades y más. Cuando tienes un enfoque claro, el SARA actúa y detecta más oportunidades, recursos y personas que te acercan a tu meta. Todo empieza a alinearse para hacer tu vida más fácil. Entonces, cuando estés enfocado en lo que quieres lograr, verás como si el mundo se alineara a tu favor.

Otra forma de potenciar y crear una conexión mental con el SARA es aplicar los principios para crear metas con PNL como sigue:

1. Expresadas en positivo: tu meta debe reflejar tu enfoque hacia lo que quieres lograr. Por ejemplo, en lugar de decir: "A partir de hoy voy a dejar de ver Netflix y las redes sociales hasta altas horas de la noche", pregúntate: ¿qué es lo que quiero ganar con esta meta? Desde ahí, plantea tu meta orientándote hacia lo positivo: "A partir de hoy, voy a cuidar mi energía, voy a dormir al menos 7 horas para sentirme con más energía; por eso, me voy a dormir todos los días a más tardar a las 10:00 p.m., desconectándome de cualquier dispositivo desde las 9:30 p.m.".

En este punto te invito a ser lo más específico posible al definir la meta, pues esto permite mayor precisión, mejor información para nuestro cerebro, más enfoque y dirección.

2. Iniciada y controlada por ti: la meta debe ser completamente tuya. Por ejemplo, aunque mi meta de dormir 7 horas diarias es personal, a veces tenemos metas que no son nuestras y no dependen de nosotros. Recuerdo que tenía como meta que un familiar terminara la universidad, y entonces invertía mi energía, tiempo y recursos para que eso sucediera. Sin embargo, mi familiar tenía otros planes. Me hice consciente de esta situación en una sesión de *coaching* y simplemente solté esa meta.

3. Revisa la ecología de la meta: esta es una de las partes más poderosas que nos regala el diseño de metas con PNL. Al plantearte una meta, revisa su alineación con lo que es importante para ti, con tu propósito, tus valores y las personas que son significativas en tu vida. A menudo, avanzamos con un supuesto éxito en una meta y descuidamos el balance en nuestra vida sin darnos cuenta; olvidamos nuestra salud y el descanso y afectamos nuestras relaciones. La clave es preguntarte cómo esa meta se conecta con todo tu sistema, siendo consciente del costo de oportunidad que tiene. Desde ahí, toma una decisión alineada con tu propósito y en balance con tu sistema.

4. Definido y evaluado desde la evidencia sensorial: una vez que tienes definida tu meta, imagínate logrando esa meta y vive la experiencia de alcanzarla. Siente, mira, escucha, huele y saborea todo lo que esa meta representa para ti. Este ejercicio de visualización lo hemos realizado siempre, pero hoy la invitación es a hacerlo de forma intencionada, conectándolo con tu meta. Por ejemplo, si quieres emprender, visualízate dando los pasos necesarios y avanzando hacia el logro.

Ahora que ya hemos revisado los 4 pilares del cuadrante de crecimiento personal, puedes pensar en cualquier meta o tema y aplicar el enfoque potenciador de cada uno para maximizar tu potencial de logro. Aquí el cuadrante resumido:

PENSAMIENTOS	LENGUAJE
Piensa a propósito con intencionalidad.	Usa un lenguaje potenciador
HÁBITOS	**ENFOQUE**
Crea hábitos ganadores, usa tus hábitos como palanca para un mayor impacto.	Propósitos y metas claras para activar tu SARA.

Ahora que ya tienes definido tu enfoque con el cuadrante del crecimiento personal, es momento de seguir tomando acción y hacer que las cosas pasen.

Antes de continuar con el siguiente capítulo, te invito a reflexionar y a contestar para ti mismo en tu bitácora de transformación personal (BTP):

- ¿De qué te diste cuenta en este capítulo?
- ¿Qué emoción o intención generó en ti?
- ¿Qué vas a hacer con eso que se generó en ti?
- ¿Cuál es la acción mínima concreta que vas a tomar en este momento?
- ¿Qué debe mejorar o cambiar en ti para que eso ocurra?

IX
EL PODER DE LA ACCIÓN

"Las reflexiones que no pasan a la acción multiplican por cero".

Todos hemos escuchado la frase "el querer es poder". ¿Cuántas cosas has deseado lograr? ¿Cuántas metas has querido alcanzar? ¿Cuántas metas tienes todavía en la bandeja de salida y cuántas simplemente ya has abandonado? El querer sin acción multiplica por cero; el querer no es poder.

Ahora reflexiona sobre esta otra frase que dice "el saber es poder". Sin embargo, el saber sin acción igualmente multiplica por cero. Todos sabemos que ejercitarnos con regularidad es muy bueno para nuestra salud; no obstante, no todos nos ejercitamos. Aunque sabemos que dormir al menos siete horas es clave para nuestra salud, no todos lo hacemos. Tener conocimiento sin aplicarlo es como no saber qué hacer, dado que el conocimiento es útil cuando lo aplicamos.

Querer es una variable importante en el juego de movernos hacia nuestras metas; igualmente, el saber se convierte en una variable relevante en la ecuación para cumplir nuestros objetivos.

La magia ocurre cuando comenzamos a tomar acción, cuando ese querer más ese saber se suman y se multiplican en acciones. Ahí aprendemos, crecemos y comienza el viaje para cumplir nuestras metas.

La variable catalizadora de la ecuación de los resultados es el hacer, el tomar acción masiva imperfecta, aprender, crecer, soltar y seguir avanzando. Muchas veces, no tomamos acción pensando en el qué dirán, en el miedo al fracaso. Nos comparamos con otras personas y dudamos de nuestras capacidades; creemos que no somos suficientes. Nuestro diálogo interno se puede convertir en nuestro enemigo, y nos autosaboteamos día a día con justificaciones, excusas para no tomar acción.

James Clear, autor del libro *Hábitos atómicos*, dice que "los hábitos son el interés compuesto del desarrollo personal". La creación de hábitos conectados con acciones mínimas concretas facilita el hecho de poder tomar acción inmediatamente. Al pasar a la acción, comienzas a caminar en dirección a tus metas. Ese actuar genera ese sentimiento de avance, ese impulso, esa energía crea en ti eso que llamamos *momentum*; te motivas al mismo tiempo que, en ese viaje de crecimiento, comienzas a instalar nuevos hábitos.

Todos en algún momento hemos vivido esa fase de autosabotaje donde pensamos y repensamos para tomar acción. Me pasó con mi primera decisión para emprender. Todo tomó sentido cuando di el salto de fe, cuando di ese primer paso: la idea se convirtió en un proyecto, el proyecto en imágenes, hasta que se transformó en una realidad. Tenía mis temores; sin embargo, con fe y el apoyo de mi familia, me lancé. Algunas cosas no funcionaron del todo, otras más o menos, y algunas sí. Lo importante fue que no hubo marcha atrás; solo aprendizaje, crecimiento, soltar lo que no funcionó y seguir avanzando. Este proceso no se detiene.

Cuando comienzas a tomar acción, ya es parte de ti moverte en dirección a lo que tiene sentido para ti. Al final, puedes revisar muchas decisiones que pensaste y que, cuando tomaste acción, lograste o aprendiste. Ahí está el poder de actuar.

Igualmente, me pasó con las redes sociales. Dado que mi enfoque principal era el *business to business* (B2B) y mi trabajo como consultor para empresas en diferentes países, tenía un método que funcionaba para conectar con estas empresas. Sin embargo, me había resistido a tener redes sociales, lo cual limitaba mi alcance. Fue hasta que comencé a tomar acción en las redes y seguir aprendiendo de ellas, enfocándome en cómo llegar a más personas y cumplir mi propósito.

El autosabotaje nos paraliza, y nos justificamos para no actuar. Alimentamos nuestro temor, nuestra inseguridad, y aunque anhelamos cambiar nuestra vida y perseguir esos sueños, cada día construimos un muro que nos impide avanzar y tomar acción. Una de las funciones de nuestro cerebro es ahorrar energía; nuestras conductas repetitivas se convierten en hábitos, en conductas automáticas que forman quienes somos en el día a día. Entonces, podrás imaginarte que el proceso de autosabotaje también se convierte en una conducta repetitiva. Esta conducta comienza con el diálogo interno y con la emocionalidad que genera, impactando negativamente en nuestros resultados. Por eso, es relevante tomar acción desde donde estamos, con lo que tenemos a mano.

Dentro de las típicas excusas para no tomar acción, pensamos que no estamos todavía preparados, que debemos esperar a tener ciertos recursos para poder iniciar o que estamos esperando el momento perfecto. Bajo estos pretextos, el tiempo que no perdona pasa sin detenerse, y nuestros anhelos y sueños se ven más lejanos y comienzan a perder fuerza. Sin embargo, hay una excelente noticia: el momento perfecto para iniciar y tomar acción es el momento que tú decides; es ahora. Mientras sigues leyendo, notas que hoy mismo puedes tomar acciones concretas en esa dirección. Ahora mismo es el momento "D", el momento de la determinación para cambiar tu vida. Decide ahora, con determinación, tomar acción, y recuerda qué te hace sentir; es el primer paso para encender el motor que te llevará a cumplir tus metas, crecer y aprender en el camino.

A partir de este momento, empiezas a notar con claridad ese patrón saboteador, esos pensamientos que te bloquean. Decides, con determinación, cambiar ese diálogo interno. Cuando ese diálogo aparece, simplemente sabes que tienes el poder de poner un alto y decides reemplazarlo en ese mismo instante.

Te invito a practicar este diálogo interno para impulsar la intencionalidad de tomar acción. Solo tienes que leerlo en voz alta para ti; si estás en un lugar donde puedes hacerlo, perfecto. Si no, entonces hazlo mentalmente, sintiendo tu fuerza y determinación:

- Soy suficiente, todo lo que necesito ya está en mí.
- Merezco solo lo mejor.
- Aprendo y fortalezco mis habilidades.
- Consigo recursos adicionales y lo logro.
- Aprendo, crezco y disfruto el proceso.
- Persisto, insisto y lo logro.
- Estoy tomando acción. Lo estoy logrando.

¿Cómo te hizo sentir esta propuesta de diálogo interno? En definitiva, las palabras tienen poder e impactan nuestro estado interno y la realidad que creamos con cada palabra y frase que nos decimos. A todos nos gusta recibir elogios, palabras de aliento y motivación. Y, en definitiva, la mejor persona para hacer esta tarea somos nosotros mismos. Cuidar nuestro diálogo interno es como cuidar el agua que le ponemos a una planta; es como seleccionar cuidadosamente las aplicaciones que son provechosas para descargar en nuestro celular; es como seleccionar los códigos de programación para crear el programa que necesitamos.

Hay algo que también podemos hacer para cambiar nuestra programación mental e impulsarnos a la acción, hacia las posibilidades, y es cambiar la película que creamos en nuestra mente. Ver la película completa. Tú tienes el poder de decidir cómo usar tu imaginación. En vez de pensar que no lo lograrás, que no podrás o que fallarás, decide imaginarte tomando acción, creciendo, aprendiendo, avanzando y cumpliendo esa meta. Regálate unos minutos para practicar el siguiente ejercicio: busca un lugar tranquilo y lee de una a tres veces el ejercicio que sigue a continuación. Recuerda las recomendaciones iniciales para los ejercicios de visualización. Vamos a la práctica:

Para realizar este ejercicio, te invito a que, desde tu comodidad, comiences a concentrarte en tu respiración. A medida que inhalas y exhalas, siente cómo te vas relajando, percibiendo esa relajación en todo tu cuerpo. Sigue respirando, relajándote más con cada inhalación. En completa relajación, imagina que estás dando los pasos para alcanzar esa meta y visualiza cómo avanzas con éxito, logrando cada paso. Puedes sentir la emoción que esto genera en tu cuerpo, escuchar los sonidos del éxito, oír lo que dicen tus familiares y amigos. Ves con claridad las acciones necesarias que debes tomar y, mientras sigues experimentando, también puedes percibir el aroma de la satisfacción y saborear el éxito con cada acción que realizas. Haz que esta imagen sea más grande, más brillante, añádele colores y observa claramente qué acciones te llevan a cumplir lo propuesto. Sonríe, porque sabes que eres capaz de lograrla. Con esa imagen de ti mismo alcanzando tu objetivo, abre lentamente los ojos, levántate y regálate un aplauso por completar el ejercicio.

¿Qué sentiste al imaginarte cumpliendo, tomando acción y cumpliéndote?

La visualización es un hackeo mental poderoso. Es una forma práctica y eficaz de crear experiencias sensoriales positivas al pensar e imaginarnos cumpliendo una meta. También permite que logremos identificar y encontrar acciones y recursos internos que se abren al imaginarnos avanzando hacia el logro de la meta. Si practicas este ejercicio al iniciar y finalizar tu día, definitivamente recargarás tus pilas sensoriales para moverte a la acción, hacia el logro, y hacer que las cosas sucedan.

Recuerda que la acción es la variable que multiplica nuestras intenciones y deseos. La acción es la que permite ver resultados. Por lo tanto, decide tomar acción. Hazlo sin miedo, con confianza, en confianza, porque el camino para lograrlo se abrirá al instante en que comiences a avanzar. Al tomar acción, los resultados se multiplican por mil.

Reflexiona con tu BTP. Te felicito por continuar en tu viaje de transformación personal; el éxito de lo que te propongas lograr está en tus manos.

- ¿De qué te diste cuenta en este capítulo?
- ¿Qué emoción o intención generó en ti?
- ¿Qué vas a hacer con eso que se generó en ti?
- ¿Cuál es la acción mínima concreta que vas a tomar en este momento?
- ¿Qué debe mejorar o cambiar en ti para que eso ocurra?

X
VER EL PLAN CON LA MEJORA CONTINUA

"No es lo que hacemos de vez en cuando lo que da forma a nuestras vidas, sino lo que hacemos constantemente".
Tony Robbins

La mejora continua es el resultado de la constancia en acción, como nos dice Tony Robbins. Ahora que ya tienes definido qué camino tomar en este viaje para perseguir tus sueños, es importante destacar que la mejora continua requiere de una acción constante. Este enfoque no solo te permite instalar nuevos hábitos en tu vida; además, te brinda la oportunidad de mejorar, cambiar, ajustar lo que haces día a día. Aquí es donde entra en juego el principio de la mejora continua. Todos los días podemos mejorar lo que hacemos. Como vimos anteriormente, una mejora del 1% cada día al año nos lleva a una mejoría anual del 37%. Así que, ahora que ya tienes claridad sobre el camino a seguir, es el momento de aplicar el principio de mejora continua.

El método Kaizen, que se basa en la mejora continua, es utilizado por las grandes empresas japonesas. Es parte del ADN de trabajo de Toyota, y sus principios pueden aplicarse en cualquier área de la vida empresarial y personal. Esta es la gran ventaja que podemos aprovechar al implementarlo de forma integral o en áreas específicas donde deseamos avanzar en un proceso de mejora continua.

El poder del principio de la mejora continua permite derribar prácticas que dificultan cumplir nuestras metas, dado que son difíciles de mantener y que no trabajan los principios antes descritos. Aquí algunos ejemplos que funcionan en algunos casos y los que lo practican regresan a su estado unos meses después:

- Retos mágicos para bajar de peso que implican restricciones severas.
- Programas de entrenamiento tan demandantes que provocan el abandono en pocas semanas.
- "Logra lo que quieras en 30 días con la fórmula X+Y+Z".

Podemos mencionar muchos ejemplos de fórmulas mágicas que prometen resultados inmediatos. En algunos casos, funcionan de forma parcial, ya que no son sostenibles a largo plazo. Por eso, lo poderoso de aplicar el principio de mejora continua es que permite hackear nuestra mente, facilitando vencer la resistencia al cambio. La propuesta es encontrar una acción mínima concreta que te facilite instaurar nuevos hábitos de manera más sencilla, permitiéndote actuar rápidamente. Así, estás hackeando la resistencia al cambio en tu mente y, día a día, tomas acción continua, realizando incrementos graduales creando nuevos hábitos.

Otra cosa que logramos al aplicar el principio de mejora continua es vencer el miedo. Las acciones mínimas concretas, al aplicar la mejora continua, son esos pequeños pasos que hackean la respuesta de nuestro cerebro al miedo. Esto nos permite avanzar y motivarnos a seguir tomando acción, ejecutando esas acciones mínimas.

Lo que me gusta mucho del principio de mejora continua es que nos ofrece la constancia de la implementación de pequeñas acciones diarias, realizadas de forma sistemática e incremental. Esto nos permite ser mejores cada día en lo que nos proponemos hacer. Es importante, en este punto, instaurar el hábito de revisar diariamente cómo estamos avanzando con nuestras metas: qué está funcionando para seguir haciéndolo y qué deberíamos cambiar. Aplica el principio de la programación neurolingüística que dice que todo resultado es aprendizaje. Desde ahí, establece el hábito de revisar cada día, al iniciar y finalizar tu jornada.

La clave es, a través de la pregunta, identificar las acciones mínimas concretas, esos pasos pequeños que te permitirán pasar a la acción, hackear la resistencia al cambio y al miedo. Aquí tienes algunas preguntas que puedes hacerte:

- ¿Cuál es la acción mínima concreta que puedo realizar?
- ¿Qué es lo mínimo que puedo hacer para avanzar diariamente?
- ¿Qué mejora mínima podría aplicar día a día?
- ¿En qué plazo esa mejora me permitirá lograr lo propuesto?

Al utilizar el principio Kaizen, también rompemos el paradigma y la trampa del "cómo". Hackeamos la toma de acción y el avance, rompiendo la idea de no iniciar porque queremos tener control sobre todo y conocer todas las respuestas.

En este sentido, quiero presentarte un concepto que te permitirá programar a diario tu mente para la acción y hacer un chequeo de cómo vas avanzando con tu meta, para realizar los ajustes que sean necesarios para acelerar el paso.

La clave de este es la ejecutoria que se deriva de tu propósito de vida, de tus valores, y que va en dirección de tus metas y sueños alineados con tu propósito. Así, veamos cómo, con la aplicación de la programación neurolingüística y de la mejora continua, pasamos a tomar acción masiva imperfecta con lo que he denominado "VER el plan".

Una vez que tienes listo tu plan de acción, aplicas el principio VER, que significa:

- **V**isualizar
- **E**jecutar
- **R**evisar

El método VER, aplicado en el día a día, te permitirá:

Visualizar

Visualízate cumpliendo tus metas en el día a día en dos momentos: al realizar tu plan del día la noche anterior y al iniciar tu día. Dedica unos minutos para visualizarte cumpliendo lo que propones hacer. Hazlo en un lugar tranquilo, ponte cómodo y enfócate en tu respiración.

Realiza al menos tres ejercicios de respiración, llenando tus pulmones de aire de abajo hacia arriba y exhalando lentamente. Siente cómo te relajas mientras escuchas tu respiración. Relajado, empieza a imaginarte iniciando tu día con toda la actitud y energía. Visualízate tomando acción, avanzando en tus propuestas. Siente la emoción del logro en lo que te has propuesto. Escucha los comentarios y respuestas positivas en las gestiones que realizas. Siente el olor del éxito, sonríe y saborea lo que has alcanzado. Vívelo, experiméntalo. Siéntelo, escucha los sonidos, observa todo con claridad y sonríe nuevamente al verte cumpliendo lo propuesto. Respira profundamente y, al exhalar, abre tus ojos lentamente.

La visualización te lleva unos pocos minutos; sin embargo, el impacto en tu programación mental es grande. Al realizarla, envías un mensaje poderoso a tu cerebro, ya que estás programando el éxito de lo que planeas lograr. Creas un anclaje a ese estado de éxito y avance; al verte, sentir, escuchar, oler y saborear el avance al cumplir la meta propuesta, generas una sensación, una emoción y un estado de logro anticipado que crean en ti un estado interno positivo, orientado al logro.

Ejecutar

Ahora que ya has visualizado tu día, toma acción y disfruta el viaje. Al ejecutar, hazte consciente de que lo que estás haciendo está funcionando y qué aprendizajes obtienes. Sobre todo, sigue tomando acción. Asegúrate de realizar al menos tres acciones mínimas concretas diarias que te muevan en dirección a lo propuesto.

Durante el día puedes revisar cómo vas avanzando según lo programado; al finalizar tu día, realiza una revisión final y úsala como retroalimentación para crecer:

- Seguir haciendo lo que está funcionando.
- Ajustar o cambiar lo que no está funcionando.
- Aprendizaje del día.
- Repite el VER el plan todos los días hasta que se instale como un hábito de mejora continua.

Aquí un resumen de la propuesta práctica de *ImparableMENTE* para que construyas tu viaje imparable:

1. **El pasado ya pasó**. Suelta el pasado y a vivir intencionalmente.
2. **Encuentra tu propósito y revisa tus valores**: este es un ejercicio que ya realizaste anteriormente.
3. **Revisa la selfi de tus ejes vitales**: reflexiona sobre tu situación actual y lo que deseas hacer alineado con tu propósito.
4. **Tus recursos internos**: recuerda tus recursos internos, igualmente qué otros recursos necesitas.
5. **Auditoría de tu tiempo y energía**: anteriormente lo realizaste.
6. **Define de 1 a 3 metas clave**: Asegúrate de que estas

metas estén alineadas con los dos puntos anteriores. Para cada una de ellas, verifica que cumplan con los siguientes criterios recomendados por la programación neurolingüística.

7. **Define no más de 3 indicadores de progreso para cada meta**: enfócate en no más de 3 indicadores clave que sean determinantes para alcanzar tu meta.
8. **Define no más de 3 acciones clave usando el método SUMAR para avanzar en cada indicador**: tal como se explicó anteriormente, identifica las acciones necesarias para lograr cada meta.
9. **Recuerda usar el cuadrante de crecimiento personal**; alinea tus pilares de crecimiento.
10. **Identifica el hábito palanca para cada acción** y recuerda aplicar el principio de mejora continua 1% mejor cada día.
11. **Verifica que tus acciones están alineadas con el Ha-SER**.
12. **Toma acción intencional y aplica VER el plan todos los días**: planifica, visualiza, ejecuta y revisa. Continúa con lo que está funcionando y aplica el principio de mejora continua.

Si has llegado hasta esta parte, quiero felicitarte por tomar acción y regalarte la oportunidad de ampliar tu perspectiva con *ImparableMENTE* y el CMP. Abre tu mente y toma acción para que, desde tus reflexiones, decidas el camino que tiene sentido para ti y comiences ese viaje para perseguir tus sueños, alineados con tu propósito.

¡Vamos a darlo todo y hacer que las cosas sucedan! Nos vemos ahí.

Si esta propuesta ha generado un impacto positivo en tu vida, te agradecería mucho que compartas tus comentarios en Amazon y en tus redes sociales. Etiquétame en @robertobrenesb y sigamos juntos sumando posibilidades para otras personas.

Toca llenar la última bitácora de transformación personal (BTP). Recuerda que este es tu viaje y que el factor clave y secreto del éxito eres tú. Te felicito por continuar con tu proceso de transformación personal. El éxito de lo que te propongas lograr está en tus manos.

- ¿De qué te diste cuenta con la lectura de *ImparableMENTE*?
- ¿Qué emoción o intención generó en ti?
- ¿Qué harás con eso que se generó en ti?
- ¿Cuál es la acción mínima concreta que vas a tomar en este momento?
- ¿Qué debe mejorar o cambiar en ti para que eso ocurra?

Made in the USA
Columbia, SC
07 July 2025

60297927R00093